10歳までに身につけたい

子どもに一生役に立つ 台所《キッチン》と料理のこと

この小さな習慣が、生きる力を育てます

サカモトキッチンスタジオ主宰
（一社）キッズキッチン協会副会長
坂本佳奈

青春出版社

はじめに

食《た》べたいものを自分《じぶん》で作《つく》る。

これって、じつはすごいことです。

今《いま》はコンビニもスーパーもレストランもありますから、料理《りょうり》が作《つく》れなくても、食《た》べ物《もの》にはありつけるでしょう。

でも、自分《じぶん》の作《つく》ったものでおなかを満《み》たせる力《ちから》があれば、コンビニやファミレスがないところにいっても、世界《せかい》のどこにいっても生《い》きていけます。

自分《じぶん》の頭《あたま》とちょっとした調理道具《ちょうりどうぐ》、そして手《て》に入《はい》る素材《そざい》で自分《じぶん》の好《この》みの味《あじ》付《つ》けで料理《りょうり》ができる。

それは、すごく自由《じゆう》なことです。

「自分《じぶん》のごはんを自分《じぶん》で作《つく》れる力《ちから》」、つまり自炊力《じすいりょく》は、自分《じぶん》の人生《じんせい》を自由《じゆう》に生《い》きるための力《ちから》でもあるんです。

「どんな素材《そざい》をどんなふうに調理《ちょうり》すればおいしくなるかな？」と考《かんが》える

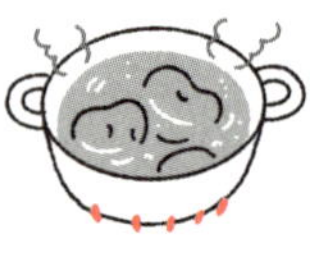

力《ちから》。

「どういう順番《じゅんばん》で作業《さぎょう》するといいのかな？」という段取《だんど》り力《りょく》。

火《ひ》や時間《じかん》、組《く》み合《あ》わせなどで素材《そざい》が変化《へんか》していくようすは、科学《かがく》です。

切《き》ったりむいたりは手先《てさき》の器用《きよう》さも育《はぐく》みます。

そして、「できた！」という達成感《たっせいかん》は、自信《じしん》へとつながります。

この本《ほん》は、単《たん》に料理《りょうり》のレシピではなく、買《か》うことから下《した》ごしらえ、作《つく》って食《た》べて片《かた》づけるまで、台所《だいどころ》まわりと料理《りょうり》の基本的《きほんてき》なことを総合的《そうごうてき》に学《まな》べるようにまとめました。

まずは自分《じぶん》の好《す》きなものを作《つく》ってみる。それから家族《かぞく》や誰《だれ》かの顔《かお》を思《おも》い浮《う》かべながら作《つく》ってみる。

そんな日々《ひび》のくりかえしで、どんどん料理《りょうり》が楽《たの》しくなるはずです。

興味《きょうみ》を持《も》ったところから、ぜひページを開《ひら》いてみてください。

何《なに》を作《つく》るか決《き》める

ロードマップ

「食《た》べること」には「流《なが》れ」があります。
毎日《まいにち》がこのくりかえしです

食《た》べる

片《かた》づける

台所《だいどころ》

採《と》る

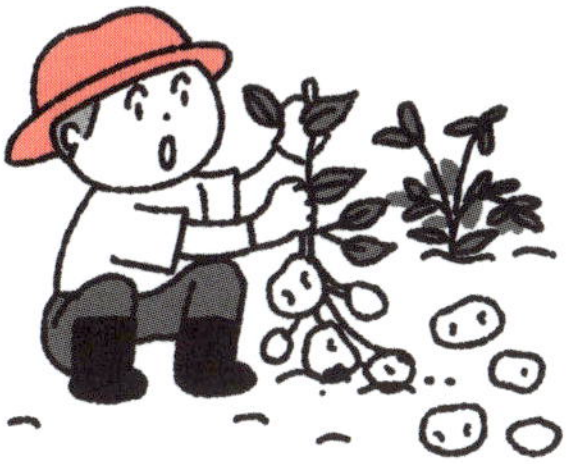

買《か》う

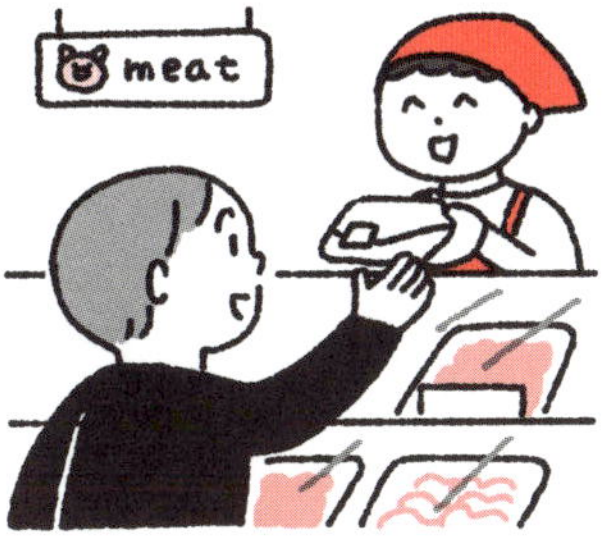

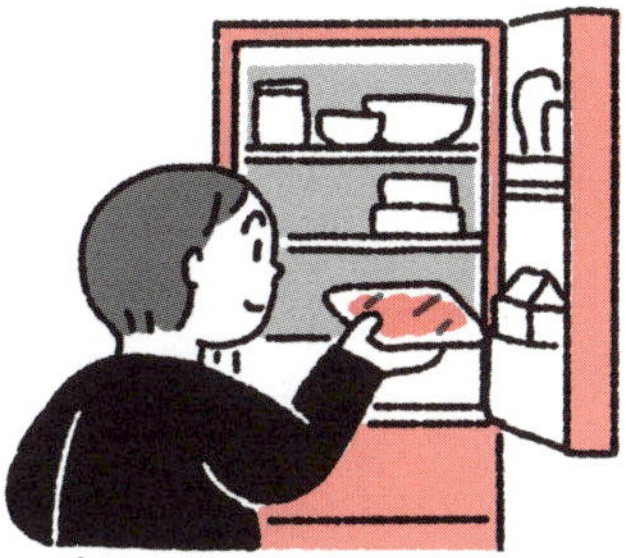

買《か》ったものをしまう

下《した》ごしらえ

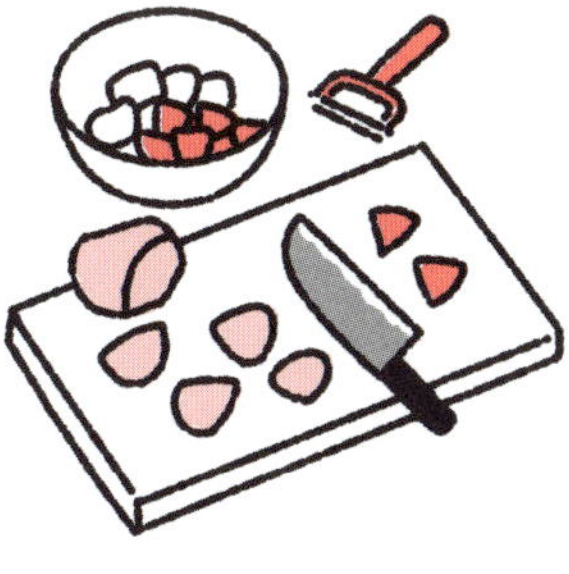

作《つく》る

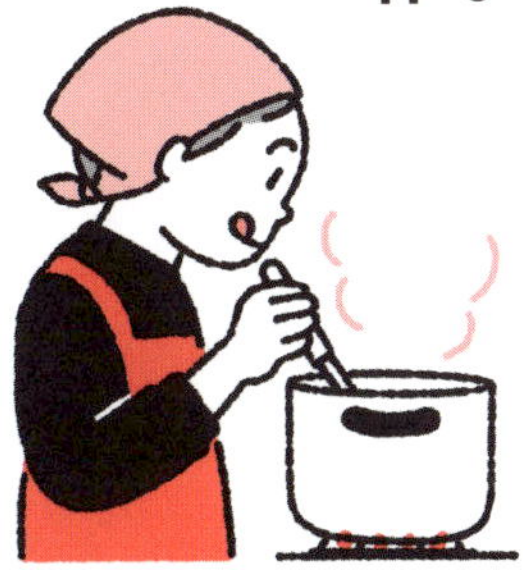

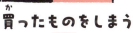

もくじ

PART2

調理《ちょうり》の「道具《どうぐ》」と「調味料《ちょうみりょう》」のお話《はなし》

切《き》ったり、はかったり、味《あじ》つけしたり…

PART3

買《か》い物《もの》、ひとりでできるかな？

買《か》う前《まえ》、買《か》うとき、買《か》ってから。知《し》っておきたいこと

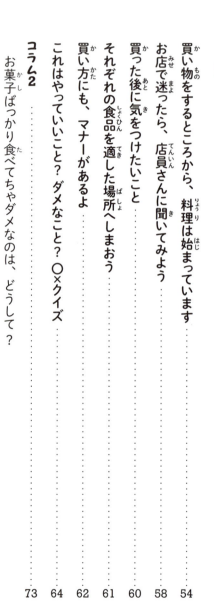

PART4

いよいよお料理《りょうり》、作《つく》ってみよう

「できた！」を感《かん》じるレシピから、献立《こんだて》、栄養《えいよう》まで

PART5

おいしく「食《た》べる」って、どういうこと？

好《す》き嫌《きら》いにもワケがある

PART6

食《た》べたら終《お》わり！じゃないよ！

片《かた》づけまでが、「食事《しょくじ》」です

カバー&本文イラスト・
本文デザイン…ササキサキコ
DTP…キャップス
編集協力…渡辺のぞみ

PART 1

台《だい》所《どころ》って、どんなところ？

「おいしい」は、ここから始《はじ》まる

台所《だいどころ》は、ごはんを作《つく》る場所《ばしょ》のことです。
ごはんを作《つく》るためには「火《ひ》」が欠《か》かせないので、
昔《むかし》の台所《だいどころ》には、火《ひ》をおこすための、
「かまど」などの道具《どうぐ》がありました。
今《いま》のあなたの家《いえ》の台所《だいどころ》は、どんなところかな?
また、どんな道具《どうぐ》が置《お》いてあるでしょうか?

ただいま〜
はー
あついあつい!
なにか
冷《つめ》たいもの〜〜
ふ〜
ごくらくごくらく
ごくごくごくご
あ
焼《や》きおにぎり
みーっけ
あちちちち
温《あた》めすぎちゃった

ただいま～
遅《おそ》くなっちゃった
ごはん作《つく》るね～
あ
牛乳《ぎゅうにゅう》
出《だ》しっぱなし
じゃん!!
あつい・・・
牛乳
3.6
おにぎりも
出《だ》しっぱなし～!
そのままに
したらダメ
だよ～～!
やだも～～～
チルド
おにぎり
えぇえ～ごめ～～ん
もう一回《かい》
冷蔵庫《れいぞうこ》に入《い》れれば
大丈夫《だいじょうぶ》じゃない?
ダメ!
冷蔵保存《れいぞうほぞん》のものは
ちゃんと冷蔵庫《れいぞうこ》に
入《い》れないと
いたんだり腐《くさ》ったり
しちゃうのよ!
え～
食《た》べものって
冷《ひ》やさなきゃ
ダメなのぉ～?

左《ひだり》ページは少《すこ》し昔《むかし》の日本《にほん》の台所《だいどころ》。右《みぎ》ページは現代《げんだい》の日本《にほん》の台所《だいどころ》です。
昔《むかし》と今でどう違《ちが》うかな？

1970年代《ねんだい》以降《いこう》の台所《だいどころ》

昔《むかし》と今《いま》の台所《だいどころ》を見比《みくら》べてみよう

大正《たいしょう》から昭和《しょうわ》のはじめ頃《ころ》の台所《だいどころ》

冷蔵庫《れいぞうこ》のあるなしで、台所《だいどころ》が変《か》わった

昔《むかし》と今《いま》の台所《だいどころ》では、大《おお》きな違《ちが》いがあることに、気《き》づいたかな？

そう、昔《むかし》の台所《だいどころ》には、冷蔵庫《れいぞうこ》がなかったんです。

今《いま》では、買《か》ってきたらすぐに冷蔵庫《れいぞうこ》に入《い》れないと、腐《くさ》ってしまう食《た》べ物《もの》もたくさんあるよね。マンガに出《で》てきた男《おとこ》の子《こ》も、牛乳《ぎゅうにゅう》を出《だ》しっぱなしにして、お母《かあ》さんに怒《おこ》られていました。

冷蔵庫《れいぞうこ》があるかないかで、日本人《にほんじん》の食生活《しょくせいかつ》が変《か》わりました。

冷蔵庫《れいぞうこ》のない時代《じだい》は、どうしていたかって？　昔《むかし》の人《ひと》の知恵《ちえ》。食《た》べ物《もの》を腐《くさ》らせないように、塩漬《しおづ》けにしたり、干《ほ》して乾《かわ》かしたり、発酵《はっこう》させたりして、食《た》べ物《もの》を保存《ほぞん》していました。

でも、冷蔵庫《れいぞうこ》ができたおかげで、いろんな食品《しょくひん》を新鮮《しんせん》なまま、長持《ながも》ちさせて食《た》べられるようになりました。

塩《しお》で長《なが》持《も》ちさせた食《しょく》品《ひん》

塩漬《しおづ》けにしてしょっぱくすると、ばい菌《きん》が繁殖《はんしょく》しにくいため腐《くさ》りにくくなります。食材《しょくざい》があまりとれない時期《じき》(端境期《はざかいき》)や冬場《ふゆば》に備《そな》えて、たくさんとれた食材《しょくざい》を長持《ながも》ちさせるのに欠《か》かせない食品《しょくひん》の保存方法《ほぞんほうほう》です。

乾《かわ》かして長持《ながも》ちさせた食品《しょくひん》

水分《すいぶん》が多《おお》い大根《だいこん》のような野菜《やさい》は、細《こま》く切《き》ってから乾燥《かんそう》させます。魚《さかな》などの場合《ばあい》は、腐《くさ》りやすい内臓《ないぞう》を取《と》り除《のぞ》いて開《ひら》き、塩《ひら》をしてから乾燥《かんそう》させます。乾燥《かんそう》させて水分《すいぶん》をとばすと、どんな食品《しょくひん》も腐《くさ》りにくくなります。食材《しょくざい》の特《とく》徴《ちょう》に合《あ》わせて、乾燥《かんそう》のさせ方《かた》にも違《ちが》いがあります。

発酵《はっこう》させて長持《ながも》ちさせた食品《しょくひん》

発酵《はっこう》は、菌《きん》の力《ちから》を利用《りよう》して食品《しょくひん》を腐《くさ》らせることです。人《にん》間《げん》が食《た》べられる腐《くさ》らせ方《かた》とも言《い》えます。発酵《はっこう》することで、独特《どくとく》のおいしさが生《う》まれます。

みそ

チーズ

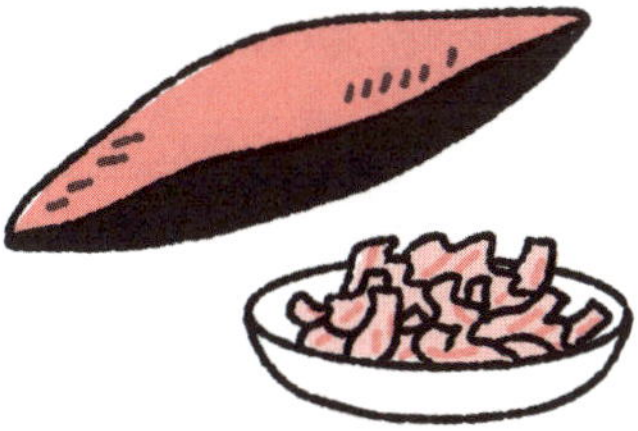

しょうゆ

かつおぶし

昔《むかし》は「かつをぶし」と書《か》いたよ

台所《だいどころ》は、火《ひ》を使《つか》っておいしいごはんを作《つく》る場所《ばしょ》

16〜17ページの昔《むかし》と今《いま》の台所《だいどころ》、もう1つの大《おお》きな違《ちが》いはなんでしょう？

昔《むかし》の台所《だいどころ》には、今《いま》の台所《だいどころ》にはない、ちょっと変《か》わった道具《どうぐ》がいくつかあったよね。

昔《むかし》は火《ひ》をおこすのに欠《か》かせないが「炉《いろり》」や「かまど」などの場所《ばしょ》でした。それらがある家《いえ》は、今《いま》は少《すく》なくなりました。でも、その代《か》わりに食材《しょくざい》に火《ひ》を通《とお》す道具《どうぐ》が、みんなのおうちの台所《だいどころ》にはかならずあるはずです。

カチッとつまみを回《まわ》したり、ボタンを押《お》したりして火《ひ》をつけるガスコンロや、ＩＨ調理器《ちょうりき》が、それです。

電子《でんし》レンジもオーブンも、火《ひ》を通《とお》す道具《どうぐ》です。電子《でんし》レンジはマイクロ波《は》という目《め》に見《み》えない電波《でんぱ》を利用《りよう》して、食《た》べ物《もの》に含《ふく》まれる水分《すいぶん》に刺激《しげき》を与《あた》えて加熱《かねつ》する道具《どうぐ》です。

道具《どうぐ》は時代《じだい》と共《とも》に変《か》わっても、「食材《しょくざい》に火《ひ》を通《とお》すこと」、これだけは、大昔《おおむかし》からずっと変《か》わらないままです。

※ＩＨ：Induction Heating（「電磁誘導加熱《でんじゆうどうかねつ》」の略称《りゃくしょう》）

食材《しょくざい》に火《ひ》を通《とお》す3つの方法《ほうほう》

1

直火《じかび》で食材《しょくざい》をあぶる方法《ほうほう》

2

水蒸気《すいじょうき》で温《あたた》めたり、
茹《ゆ》でたり、油《あぶら》で加熱《かねつ》したりして、
食《た》べ物《もの》に熱《ねつ》を伝《つた》えていく方法《ほうほう》

3

食《た》べ物《もの》に含《ふく》まれている水分《すいぶん》を利用《りよう》して、
食《た》べ物《もの》を中《なか》から温《あたた》める方法《ほうほう》（電子《でんし》レンジ）

「3」は新《あたら》しい方法《ほうほう》ですが、「1」「2」は、人間《にんげん》の歴史《れきし》と同《おな》じくらい長《なが》く続《つづ》いているごはんの基本《きほん》です！

調理《ちょうり》（料理《りょうり》）は、食《た》べ物《もの》（材料《ざいりょう》）を食《た》べられるように調《ととの》えること

1 大《おお》きな食《た》べ物《もの》（食材《しょくざい》）を切《き》って、小《ちい》さく食《た》べやすくする。

2 そのままでは（おなかをこわすので）食《た》べられない食《た》べ物《もの》（食材《しょくざい》）に火《ひ》を通《とお》して、安全《あんぜん》に、おいしく、消化《しょうか》しやすい状態《じょうたい》にする。

台所《だいどころ》でするのは、主《おも》にこの2つです。

「調理《ちょうり》」は、材料《ざいりょう》を“食《た》べられる状態《じょうたい》”にする、“調《ととの》えること”を言《い》います。

人《ひと》は食《た》べないと生《い》きていけませんが、じつは物《もの》を食《た》べることは、けっこう危険《きけん》と隣《とな》り合《あ》わせです。

ちゃんと火《ひ》が通《とお》っていない肉《にく》を食《た》べたら、おなかをこわしてしまうかもしれません。

「安全《あんぜん》のため」に上手《じょうず》に使《つか》わないといけないのが「火《ひ》」です。火《ひ》はきちんと扱《あつか》わないと火事《かじ》ややけどの元《もと》。使《つか》い方《かた》には十分《じゅうぶん》に気《き》をつける必要《ひつよう》があります。

「食《た》べ物《もの》を小《ちい》さくする」には、包丁《ほうちょう》やナイフのような道具《どうぐ》が必要《ひつよう》です。これも正《ただ》しい使《つか》い方《かた》をしないと、ケガをします。

こう考《かんが》えると、食《た》べることと調理《ちょうり》（料理《りょうり》）は命《いのち》がけのあぶないことなんですね。人間《にんげん》は、「火《ひ》を使《つか》う」「包丁《ほうちょう》を使《つか》う」というあぶないことをしながら、自分《じぶん》たちの食《た》べるものを安全《あんぜん》にしてきたという歴史《れきし》があるのです。

マッチで火《ひ》をつけてみよう！

IH調理器具《ちょうりきぐ》が普及《ふきゅう》したこともあり、「火《ひ》」がどういうものかわからない子《こ》も多《おお》いようです。そこで、一度《いちど》「マッチで火《ひ》おこし」にチャレンジしてみましょう。火《ひ》のおこしかたを知《し》っておくと、ガスコンロやライターがないとき、災害《さいがい》や緊急事態《きんきゅうじたい》のときに安心《あんしん》です。マッチは100円《えん》ショップやコンビニエンスストアでも売《う》っています。

マッチを正《ただ》しく持《も》つ。丸《まる》くふくれているほうに火《ひ》をつけます。その反対側《はんたいがわ》を指《ゆび》でつまみましょう。

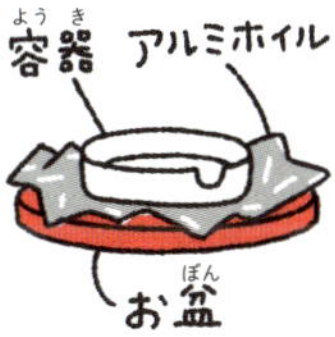

マッチの燃《も》えさしを捨《す》てられるように、お盆《ぼん》にアルミホイルを二《に》重《じゅう》、三重《さんじゅう》にしいておき、水《みず》の入《い》れた容器《ようき》をのせます。

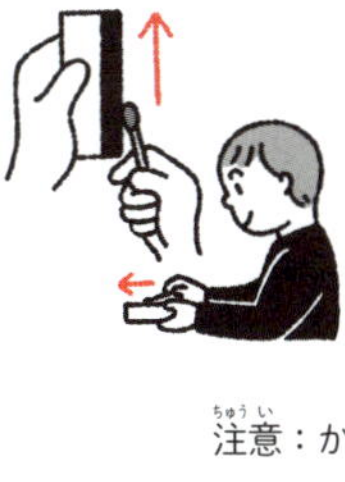

目《め》に入《はい》ると危《あぶ》ないので、目線《めせん》よりも低《ひく》い位置《いち》でマッチを持《も》ち、手前《てまえ》から、自分《じぶん》と離《はな》れたほうへ向《む》かってこすります。こするのは、マッチの丸《まる》い先端《せんたん》のほうです。

注意《ちゅうい》：かならず、おうちの人《ひと》や大人《おとな》とやりましょう。

もっと知《し》りたい！身近《みぢか》な台所《だいどころ》道具《どうぐ》

生《う》まれたときから当《あ》たり前《まえ》のようにあって、いつも見《み》ている。けれど、意外《いがい》とどんな道具《どうぐ》なのか知《し》らないものが、台所《だいどころ》にはたくさんあります。ごはんを作《つく》る台所道具《だいどころどうぐ》を、歴《れき》史《し》とともに1つひとつ紹介《しょうかい》します。

ガスコンロ

昔《むかし》の台所《だいどころ》は「土間《どま》」という住《す》まいの空間《くうかん》とは別《べつ》の場所《ばしょ》にありました（17ページ）。土間《どま》は家《いえ》の中《なか》にあるものの、床《ゆか》ではなく土《つち》になっています。火《ひ》を使《つか》うかまどは、土間《どま》にありました。屋根《やね》はあるけれども家《いえ》の外《そと》にかまどがある場合《ばあい》もありました。

ガスかまど

ガスを燃料《ねんりょう》にして火《ひ》をおこす道具《どうぐ》。鉄製《てつせい》の羽釜《はがま》がのせられている。

昭和《しょうわ》に入《はい》り、台所《だいどころ》が室内《しつない》に作《つく》られるようになると、ガスを燃《も》やして火《ひ》をおこすようになります。こうして登場《とうじょう》したのが、ガス七輪《しちりん》やガスコンロなどの道具《どうぐ》です。

火《ひ》が出《で》るので
使《つか》っているときは
そばで見《み》ている必要《ひつよう》がある

ガス七輪《しちりん》と炊飯器《すいはんき》

ガスで火《ひ》をおこすガス七輪《しちりん》の上《うえ》に、炊飯器《すいはんき》がのせられている。

ガスコンロ

ガスコンロが普及《ふきゅう》すると、ごはんを炊《た》くだけでなく、火《ひ》を通《とお》す調理《ちょうり》が室内《しつない》でできるようになった。

火《ひ》がないのにごはんができる 電《でん》気《き》炊《すい》飯《はん》器《き》

日本《にほん》で初《はじ》めて発売《はつばい》されたのは、1955年《ねん》（昭和《しょうわ》30年《ねん》）。より簡単《かんたん》においしくごはんが炊《た》けるようになりました。電気《でんき》の力《ちから》で火《ひ》を通《とお》すので、火事《かじ》が起《お》こりにくくなりました。

そばで見《み》ていなくても
よくなった!

日本初《にほんはつ》の自動式電気釜《じどうしきでんきがま》

1955年《ねん》に初《はじ》めて発売《はつばい》された電気《でんき》炊飯器《すいはんき》。火加減《ひかげん》もお任《まか》せにできるので、火事《かじ》にならない。

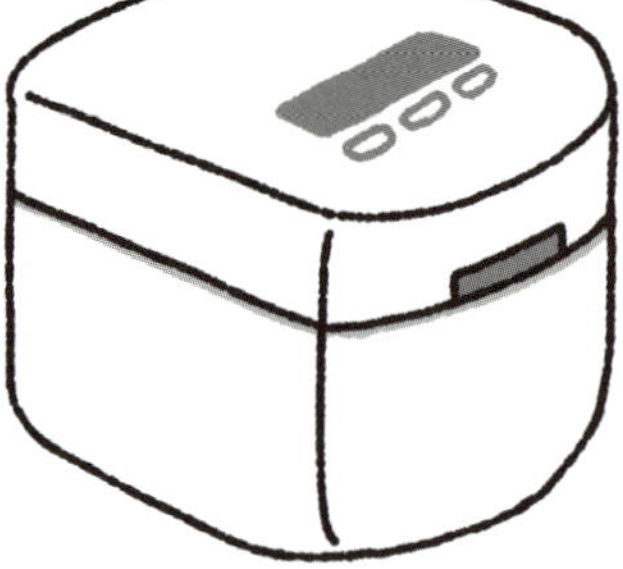
ごはん以外《いがい》も
なんでもおまかせ!

最近《さいきん》の自動式電気釜《じどうしきでんきがま》

電気炊飯器《でんきすいはんき》はどんどん進化《しんか》していて、タイマー機能《きのう》や保温機能《ほおんきのう》に加《くわ》え、シチューなど米以外《こめいがい》の調理《ちょうり》ができるものまであります。

腐《くさ》りにくくする冷蔵庫《れいぞうこ》

冷蔵庫《れいぞうこ》ができるまでは、食《た》べものを腐《くさ》らせずに保存《ほぞん》するための工夫《くふう》が必要《ひつよう》でした。塩漬《しおづ》けにしたり、乾燥《かんそう》させたり、発酵《はっこう》させたりなど。

また、氷《こおり》でつめたく冷《ひ》やせば腐《くさ》りにくくなることが知《し》られていました。そこで登場《とうじょう》したのが、「氷冷蔵庫《こおりれいぞうこ》」。そして、日本初《にほんはつ》の国産電気冷蔵庫《こくさんでんきれいぞうこ》は１９３３年《ねん》に発売《はつばい》されます。その後《ご》、冷凍機能付《れいとうきのうつ》きの電気冷蔵庫《でんきれいぞうこ》は１９６６年《ねん》に登場《とうじょう》し、１９７０年《ねん》代半《だいなか》ばには日本中《にほんじゅう》に普及《ふきゅう》しました。けっこう、最近《さいきん》のことですね。

ただし、腐《くさ》るまでの時間《じかん》が延《の》びるだけなので早《はや》めに食《た》べましょう。

氷冷蔵庫《こおりれいぞうこ》

木製《もくせい》の箱《はこ》の上段《じょうだん》に氷《こおり》を入《い》れて、その冷気《れいき》で、下段《げだん》に入《い》れた食《た》べ物《もの》を冷《ひ》やします。1950年代頃《ねんだいごろ》まで使《つか》われていました。

日本初《にほんはつ》の国産電気冷蔵庫《こくさんでんきれいぞうこ》

冷蔵《れいぞう》するだけの冷蔵庫《れいぞうこ》。150kgと重《おも》たく、とても高価《こうか》なものでした。

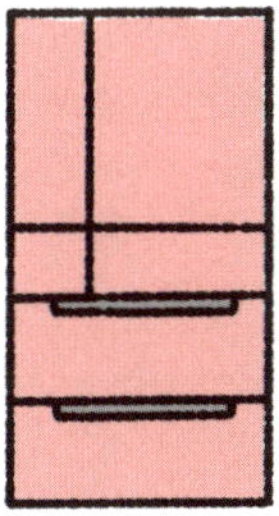

現在《げんざい》の冷蔵庫《れいぞうこ》

冷蔵室《れいぞうしつ》、冷凍室《れいとうしつ》、野菜室《やさいしつ》など、いくつもの部屋《へや》に分かれています。また、冷蔵室《れいぞうしつ》（3℃前後《ぜんご》）、野菜室《やさいしつ》（6℃前後《ぜんご》）、チルド室《しつ》（0℃前後《ぜんご》）、冷凍室《れいとうしつ》（マイナス18℃前後《ぜんご》）など、入《い》れるものに合《あ》わせた温度《おんど》で保存《ほぞん》できます。

水《みず》をゆらしてあたためる!?

電子《でんし》レンジ

火《ひ》を使《つか》わずに、短《みじか》い時間《じかん》で食《た》べ物《もの》を加熱《かねつ》できる、とても便利《べんり》な道具《どうぐ》です。

アンテナから出《で》る電波《でんぱ》が食《た》べ物《もの》の中《なか》の水《みず》などを高速《こうそく》でゆらしてあたためます。

日本《にほん》で家庭用電子《かていようでんし》レンジが発売《はつばい》されたのが１９６５年《ねん》。１９７７年《ねん》には、電子《でんし》レンジにヒーターで焼《や》く機《き》能《のう》がついたオーブンレンジが登場《とうじょう》します。

近年《きんねん》は、さらに水蒸気《すいじょうき》で加熱《かねつ》するスチーム機能《きのう》がついたものもあります。

発売当初《はつばいとうしょ》の電子《でんし》レンジ

発売当初《はつばいとうしょ》は値段《ねだん》が高《たか》すぎて、あまり広《ひろ》まりませんでした。
マイクロ波《は》(2.4GHz)を使《つか》うので、マイクロウェーブ・オーブンと言《い》われました。

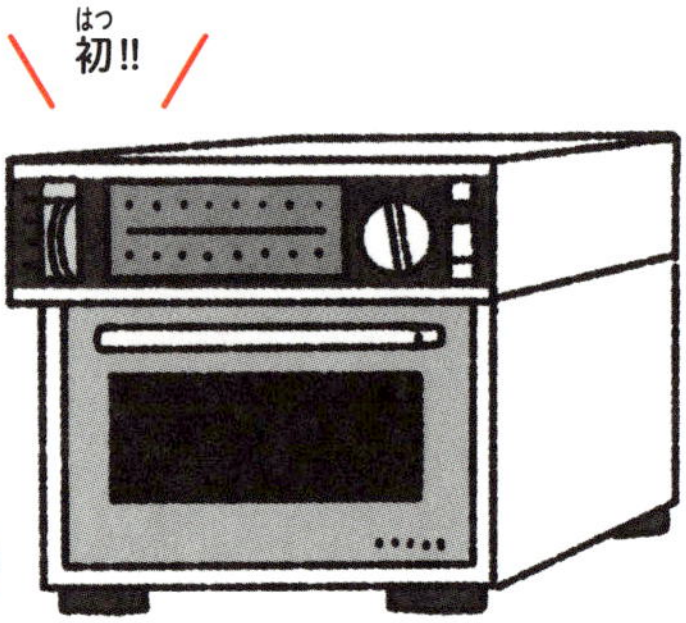

2.4GHzなのでWi-fi電波《でんぱ》と競合《きょうごう》することがあるよ。

卵《たまご》など殻《から》にくるまれたものは、ばくはつするので入《い》れてはダメ。

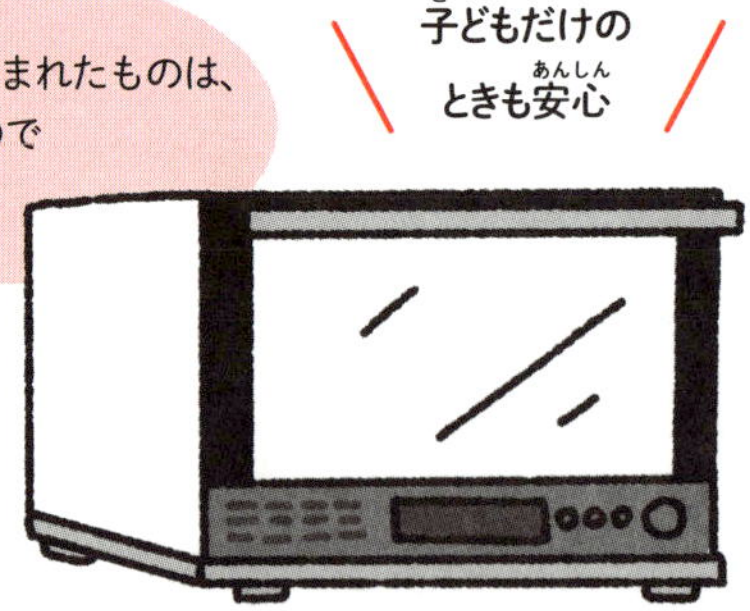

現在《げんざい》の電子《でんし》レンジ

野菜《やさい》の下《した》ごしらえや、乾物《かんぶつ》をもどしたりするときに、電子《でんし》レンジを使《つか》うと短《みじか》い時間《じかん》で調理《ちょうり》できます。電子《でんし》レンジの料理法《りょうりほう》を１冊《さつ》にまとめた本《ほん》もあるくらい。

取《と》り出《だ》すときは、熱《あつ》くなっていることがあるので、ミトンなどを使《つか》って、取《と》り出《だ》そう。

魚《さかな》グリル、オーブン、オーブントースター

●グリル

ガスやIHコンロについている魚《さかな》や肉《にく》を焼《や》くための特別《とくべつ》な機械《きかい》です。魚《さかな》や肉《にく》をのせて点火《てんか》すると、直接熱《ちょくせつねつ》が当《あ》たって焦《こ》げ目《め》がつきます。熱《あつ》くなって危《あぶ》なかったり、掃除《そうじ》が大変《たいへん》なこともあるので、使《つか》わない人《ひと》もいます。

●オーブントースター

小《ちい》さな箱《はこ》のような形《かたち》をしています。パンをトースト（カリッとおいしそうな焦《こ》げ目《め》をつける）するためにできた調理器具《ちょうりきぐ》で、強《つよ》い火《ひ》であぶるので、グラタンやピザも調理《ちょうり》できます。

●オーブン

トースターよりも大《おお》きな箱《はこ》のような形《かたち》で、箱《はこ》の中《なか》をあたたためて熱《あつ》い空気《くうき》で調理《ちょうり》をします。

パンを焼《や》いたり、クッキーやケーキを焼《や》いたり、肉《にく》や野菜《やさい》も焼《や》いたりできます。グリルやトースターよりも調理《ちょうり》に時間《じかん》がかかります。

電子《でんし》レンジと合体《がったい》したオーブンレンジもあります。なるべく中《なか》が広《ひろ》いものを選《えら》ぶと温度《おんど》が安定《あんてい》して上手《じょうず》に焼《や》けます。

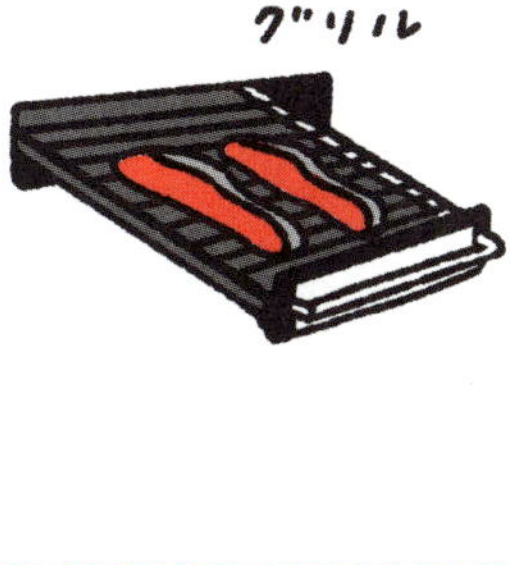

火《ひ》は神様《かみさま》だった

昔《むかし》の人々《ひとびと》にとって、火《ひ》はとても大切《たいせつ》なものでした。今《いま》は家《いえ》に直火《じかび》がないおうちもふえましたが、昔《むかし》は火《ひ》を使《つか》って料理《りょうり》をしたり、寒《さむ》い場所《ばしょ》を暖《あたた》めたりしていました。火《ひ》をおこすことはとても大変《たいへん》なことでしたが、火《ひ》がなければ、生活《せいかつ》できませんでした。

そのため、火《ひ》を神様《かみさま》のように大切《たいせつ》に扱《あつか》いました。火《ひ》は便利《べんり》であるとともに、うっかりすると何《なに》もかも燃《も》やしてしまう危険《きけん》なものでもありました。

特《とく》に、料理《りょうり》をする場所《ばしょ》である台所《だいどころ》の火《ひ》は大切《たいせつ》にされました。台所《だいどころ》には「竈《かまど》の神様《かみさま》」がいると考《かんが》えられていました。竈《かまど》の神様《かみさま》には2種類《しゅるい》あります。

１つは神社《じんじゃ》の神様《かみさま》で、もう１つはお寺《てら》の神様《かみさま》です。どちらも火《ひ》を守《まも》ってくれる大切《たいせつ》な存在《そんざい》でした。人々《ひとびと》は火《ひ》を大切《たいせつ》にすることで、家族《かぞく》が幸《しあわ》せになり、火事《かじ》から守《まも》られると信《しん》じていました。今《いま》でも、台所《だいどころ》に神様《かみさま》のお札《ふだ》を飾《かざ》っている人もいます。

日本《にほん》だけの話《はなし》ではなく、古代《こだい》ギリシャや古代《こだい》ローマでも似《に》たような話《はなし》があります。

台所《だいどころ》や家族《かぞく》を守《まも》ってくれるウェスタという火《ひ》を大切《たいせつ》にする神様《かみさま》がいました。台所《だいどころ》の火《ひ》や、家《いえ》の中《なか》の暖《あたた》かさを守《まも》ってくれると考《かんが》えられていました。ウェスタは家庭《かてい》と国《くに》の両方《りょうほう》を守《まも》る大切《たいせつ》な神様《かみさま》として、昔《むかし》の人々《ひとびと》から尊敬《そんけい》されていました。火《ひ》を大切《たいせつ》にする考《かんが》え方《かた》は、日本《にほん》の「竈《かまど》の神様《かみさま》」の考《かんが》え方《かた》とよく似《に》ています。

PART 2

調《ちょう》理《り》の「道《どう》具《ぐ》」と「調《ちょう》味《み》料《りょう》」のお話《はなし》

切《き》ったり、はかったり、味《あじ》つけしたり…

料《りょう》理《り》にはどんな道《どう》具《ぐ》が必《ひつ》要《よう》かな?
台所《だいどころ》にはどんな道《どう》具《ぐ》があるかな?
あまい、しおからい、すっぱい、にがい、
味《あじ》つけに欠《か》かせないのが調《ちょう》味《み》料《りょう》。
おいしい味《あじ》はどこから来《く》るのかな?

よく使《つか》う調《ちょう》理《り》道《どう》具《ぐ》、何《なに》がある？

字《じ》を書《か》くにはえんぴつやペン、そうじするにはほうきやちりとりを使《つか》うよね？

同《おな》じように、料《りょう》理《り》をするのに必《ひつ》要《よう》な道《どう》具《ぐ》があります。それが調《ちょう》理《り》道《どう》具《ぐ》です。

まずは刃《は》物《もの》（切《き》るもののこと）。包《ほう》丁《ちょう》だけではなくて、はさみ、ピーラーも刃《は》物《もの》です。

そして鍋《なべ》、ヘラがあれば、調《ちょう》理《り》はできます。

ほかにも、いろいろな調《ちょう》理《り》道《どう》具《ぐ》があるので、よく使《つか》うものをこれから紹《しょう》介《かい》しますね。

それぞれの道《どう》具《ぐ》には選《えら》び方《かた》、長《なが》く使《つか》うためのお手《て》入《い》れ方《ほう》法《ほう》、安《あん》全《ぜん》に使《つか》うための注《ちゅう》意《い》点《てん》があります。

自《じ》分《ぶん》好《ごの》みの使《つか》いやすい調《ちょう》理《り》道《どう》具《ぐ》を使《つか》うと、料《りょう》理《り》の時《じ》間《かん》が楽《たの》しくなります。

道《どう》具《ぐ》をそろえるのはお金《かね》もかかることなので、おうちの人《ひと》とよく相《そう》談《だん》しようね。

「切《き》る」ための道具《どうぐ》

包丁《ほうちょう》・まな板《いた》・キッチンばさみ・ピーラー＆スライサー

いろいろな刃物《はもの》を使《つか》いこなそう！

選《えら》び方《かた》のポイント

刃物《はもの》は切《き》るための道具《どうぐ》です。だからこそ、よく切《き》れるもの選《えら》びましょう。切《き》れない包丁《ほうちょう》は力《ちから》が入《はい》りすぎて大《おお》ケガをしてしまうかも。

利《き》き手《て》、使《つか》い方《かた》のクセが違《ちが》うので、包丁《ほうちょう》は自《じ》分専用《ぶんせんよう》を用意《ようい》するのがおすすめ！

ピーラーは刃《は》の動《うご》くものにします。

お手《て》入《い》れのポイント

包丁《ほうちょう》・ピーラー・キッチンばさみなどの刃物《はもの》は、使《つか》ったら洗剤《せんざい》で洗《あら》い、すぐに乾《かわ》かしておきます。

水《みず》にぬれたままだと、さびてしまうからです。

使《つか》い方《かた》の注意点《ちゅういてん》

刃物《はもの》を使《つか》うときは、刃物《はもの》の行《い》く先《さき》の方向《ほうこう》に自《じ》分《ぶん》の手《て》を置《お》かないこと。どこが切《き》れる部分《ぶぶん》かを確認《かくにん》しておきましょう（36ページ参照《さんしょう》）。

カンタンな研《と》ぎ器《き》もあるといいでしょう。1年《ねん》に1回《かい》、少《すく》なくとも2～3年《ねん》に1回《かい》は研《と》ぎ師《し》（包丁《ほうちょう》などの道具《どうぐ》のお手入《てい》れをする職人《しょくにん》）に、研《と》いでもらうといいですね。

包《ほう》丁《ちょう》

利《き》き手用《てよう》のものを選《えら》ぼう

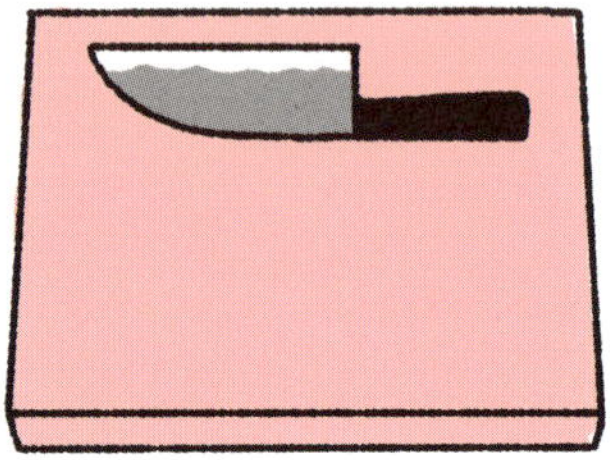

①切《き》れないほう（背《せ》）を自分《じぶん》に向《む》けておきます。

②まな板《いた》の真《ま》ん中《なか》、おへそとまな板《いた》が「こんにちは」の位置《いち》に立《た》ちます。

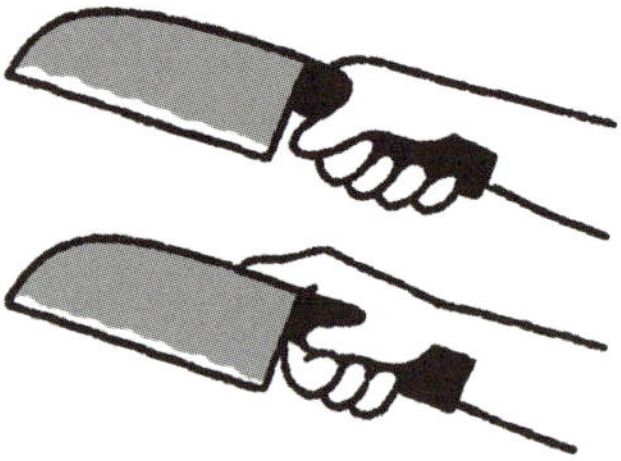

③ぎゅっと握《にぎ》ってもいいし、ひとさし指《ゆび》を包丁《ほうちょう》の背《せ》に添《そ》えるように持《も》ってもいいです。

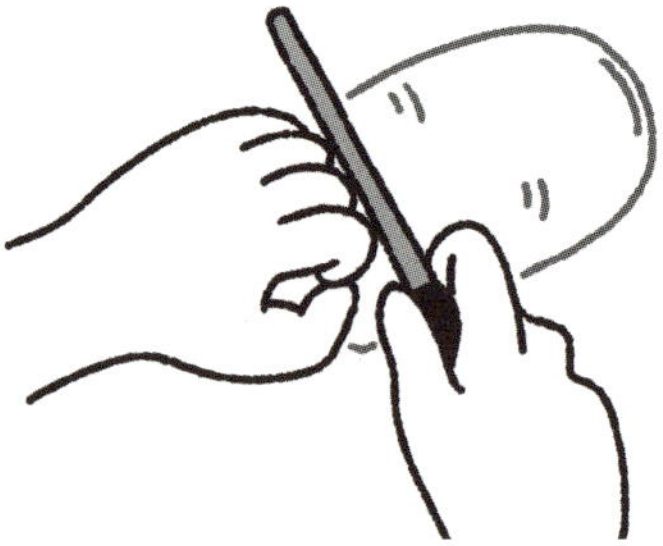

④食材《しょくざい》をおさえる指《ゆび》は、猫《ねこ》の手《て》。爪《つめ》を立《た》てて食材《しょくざい》をおさえ、親指《おやゆび》がひとさし指《ゆび》よりも前《まえ》に出《で》ないようにします。食材《しょくざい》をおさえる指《ゆび》の第《だい》一・第《だい》二関節《かんせつ》のカーブに包丁《ほうちょう》を当《あ》てれば、指先《ゆびさき》を切《き》りません。

まな板《いた》

包丁《ほうちょう》のお友《とも》だち。すべり止《ど》めと必《かなら》ずセットで使《つか》おう

切《き》るときの力《ちから》でまな板《いた》が動《うご》いてしまうと危険《きけん》です。まな板《いた》の下《した》には、すべり止《ど》めになるように濡《ぬ》れたフキンか、市販《しはん》の「すべり止《ど》め」を15センチ×20センチくらいに切《き》って、しきましょう。手洗《てあら》いしたり洗濯機《せんたくき》で洗《あら》って、何度《なんど》でも使《つか》えます。

キッチンばさみ

利《き》き手用《てよう》のものを選《えら》ぼう

左利《ひだりき》き用《よう》のキッチンばさみもあるので、探《さが》してみましょう。子《こ》どもが料理《りょうり》するときは、ザクザクおおざっぱに切《き》ったりする場合《ばあい》が多《おお》いので、なければ、右利《みぎき》き用《よう》のキッチンばさみでも大丈夫《だいじょうぶ》です。

ピーラー＆スライサー

うす切《ぎ》りにしたいときに使《つか》おう！

ピーラーは皮《かわ》をうすくむく道具《どうぐ》。皮以外《かわいがい》もなんでもうす切《ぎ》りにできます。うす切《ぎ》りにした後《あと》、さらに細《こま》く切《き》ると千切《せんぎ》りがカンタン。

注《ちゅう》：素材《そざい》を握《にぎ》っている手《て》(スライスする側《がわ》の手《て》)をケガしないように、子《こ》ども用《よう》の軍手《ぐんて》(綿《めん》100パーセント)をはめましょう。子《こ》ども用《よう》の軍手《ぐんて》はホームセンターや100円《えん》ショップで手《て》に入《はい》ります。

「すくう」「つかむ」「混《ま》ぜる」ための道《どう》具《ぐ》

おたま・フライ返《かえ》し・菜箸《さいばし》・トング・泡《あわ》立《だ》て器《き》

特《とく》に「子《こ》ども用《よう》」のものはありません。もし新《あたら》しいものを買《か》うなら自分《じぶん》が「これ！」と気《き》に入《い》ったものを選《えら》ぶといいですね。好《す》きな色《いろ》、柄《がら》など、気《き》に入《い》ったものならどんどん使《つか》いたくなり、料理《りょうり》するのも楽《たの》しくなりますよ！

おたま

握《にぎ》ったとき、柄《え》と手《て》を結《むす》ぶ線《せん》がまっすぐになるものを選《えら》ぼう

ステンレス製《せい》のおたまなら、自分《じぶん》で角度《かくど》を調整《ちょうせい》できるものもあります。

フライ返《がえ》し

ヘッドに角度《かくど》があるものがすくいやすい

握《にぎ》った部分《ぶぶん》と先《さき》の部分《ぶぶん》（ヘッド）までの距離《きょり》が長《なが》めのもののほうが、やけどをしにくい。また、ヘッドを立《た》てたときに少《すこ》し角度《かくど》があるほうが、素材《そざい》をすくいやすいです。

菜箸《さいばし》

ちょっぴり長《なが》めを選《えら》ぼう

短《みじ》かすぎると鍋《なべ》にあたるので、30センチくらいの長《なが》いものがいいでしょう（長《なが》いと炒《いた》め物《もの》や煮物《にもの》をさわるときにやけどしにくいため）。卵《たまご》を混《ま》ぜたりするときに便利《べんり》です。

トング

特《とく》にお箸練習中《はしれんしゅうちゅう》の人《ひと》にはとても便利《べんり》

菜箸《さいばし》がなくてもトングがあれば安《あん》心《しん》。長《なが》め（30センチ）のトングは麺《めん》類《るい》やパスタをつかむ用《よう》に、短《みじか》め（20センチ）のトングは盛《も》りつけ用《よう》に便利《べんり》です。

泡《あわ》立《だ》て器《き》

ワイヤーの数《かず》が少《すく》ないほうが混《ま》ぜやすい

クリームを泡立《あわだ》てるときだけでなく、みそ汁《しる》のみそを溶《と》いたり、卵《たまご》を混《ま》ぜたりするときにも便利《べんり》です。ワイヤーの本数《ほんすう》は少《すく》ないほうが混《ま》ぜやすいです。100円《えん》ショップで売《う》っているようなものでも十分《じゅうぶん》に使《つか》えます。

「煮《に》る」「焼《や》く」ための道具《どうぐ》

鍋《なべ》・フライパン

「動《うご》きにくさ(重量感《じゅうりょうかん》がある)」「熱《ねつ》の伝《つた》わり方《かた》の良《よ》さ」という
2つの安定感《あんていかん》が、子《こ》どもにとって使《つか》いやすい鍋《なべ》とフライパンを選《えら》ぶときの
ポイントです。素材《そざい》よりも厚《あつ》さと重《おも》さを重視《じゅうし》しましょう。
できれば大《だい》・小《しょう》の両《りょう》サイズがあるといいですね。

鍋《なべ》

大《おお》きいサイズは2.5リットル、小《ちい》さいサイズは1リットルを目安《めやす》に選《えら》ぼう

フタがあるものがおすすめ。
料理中《りょうりちゅう》は熱《あつ》い鍋《なべ》は動《うご》かさないこと(熱《あつ》いものが入《はい》っていなければ移動《いどう》させてもOKです)。

フライパン

できればフタつきを選《えら》ぼう

大きいサイズは直径《ちょっけい》26～28センチ、小さいサイズは直径《ちょっけい》20センチくらいが目安《めやす》。深《ふか》さは5センチ以上《いじょう》あれば十分《じゅうぶん》です。いろいろなお料理《りょうり》に使《つか》えるので、できればフタつきのフライパンを選《えら》ぼう。

「こす」「入《い》れる」ための道《どう》具《ぐ》

ボウル・ザル

大《だい》・小《しょう》の両《りょう》サイズあったほうがいい。もし迷《まよ》ったら大《おお》きいサイズを選《えら》びましょう。
また、ボウルとザル、それぞれを重《かさ》ねられるサイズのものを選《えら》ぶと
料理《りょうり》がしやすい。素材《そざい》はステンレス製《せい》を選《えら》ぼう
（サビにくいし、殺菌消毒《さっきんしょうどく》がしやすいので）。

ボウル

置《お》いたときの、底《そこ》とへりの角度《かくど》に注目《ちゅうもく》！

大《おお》きいものは2リットルサイズ（直径約《ちょっけいやく》20センチ）が、ちょうどサラダやぎょうざを作るときの家族《かぞく》4人分《にんぶん》の分量《ぶんりょう》になります。小《ちい》さいものは1リットルぐらい入《はい》るもの（直径約《ちょっけいやく》13センチ）が目安《めやす》です。

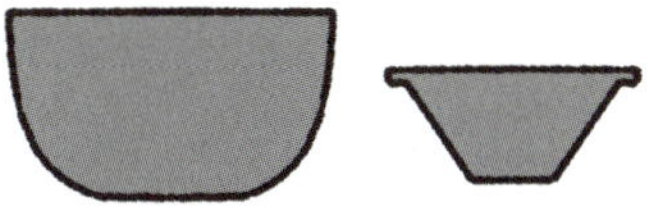

ザル

パンチングされたものがお手《て》入《い》れしやすい

ステンレスに穴《あな》があいているパンチングされたタイプのザルは、洗《あら》いやすくて清潔《せいけつ》です。もちろんワイヤー製《せい》でもいいよ。

※ステンレスとは「サビない」という英語《えいご》から来《き》ているよ。

「はかる」ための道具《どうぐ》

計量《けいりょう》スプーン・計量《けいりょう》カップ・はかり

分量《ぶんりょう》をはかるのは、なぜだと思《おも》いますか？
理由《りゆう》は、「誰《だれ》が作《つく》ってもだいたい同《おな》じものができあがるようにするため」です。
毎日《まいにち》ごはん作《づく》りする人《ひと》は目分量《めぶんりょう》（大体《だいたい》の量《りょう》）で料理《りょうり》をすることも多《おお》いですが、
慣《な》れるまでは、いろんなものを測《はか》ってみましょう。
見《み》た目《め》から想像《そうぞう》した量《りょう》と数値《すうち》で見《み》る量《りょう》の違《ちが》いに驚《おどろ》くことも！
慣《な》れてくると、食材《しょくざい》ごとの10グラム、100グラムの
目安《めやす》がわかってきます。面白《おもしろ》いですよ。

計量《けいりょう》スプーン

置《お》いてはかれるタイプを選《えら》ぼう

置《お》いて計量《けいりょう》ができるものを使《つか》うと、こぼす心配《しんぱい》がありません。片手《かたて》に計量《けいりょう》スプーン、片手《かたて》に調味料《ちょうみりょう》だと、手《て》が斜《なな》めになってこぼしがちです。

はかり方《かた》の手順《てじゅん》

1 調味料《ちょうみりょう》を山盛《やまもり》りいっぱいすくう。

2 平《たい》らなもの（ナイフ、箸《はし》、テーブルスプーンなど）で、さっとすりきりする。

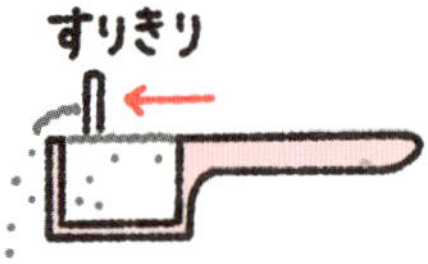

それぞれの分量《ぶんりょう》、どれくらい？

大《おお》さじ１（15cc）　大《おお》さじ２分《ぶん》の１（7.5cc）　小《こ》さじ１（5cc）
小《こ》さじ２分《ぶん》の１（2.5cc）　小《こ》さじ３分《ぶん》の１（1.65cc）　小《こ》さじ４分《ぶん》の１（1.25cc）

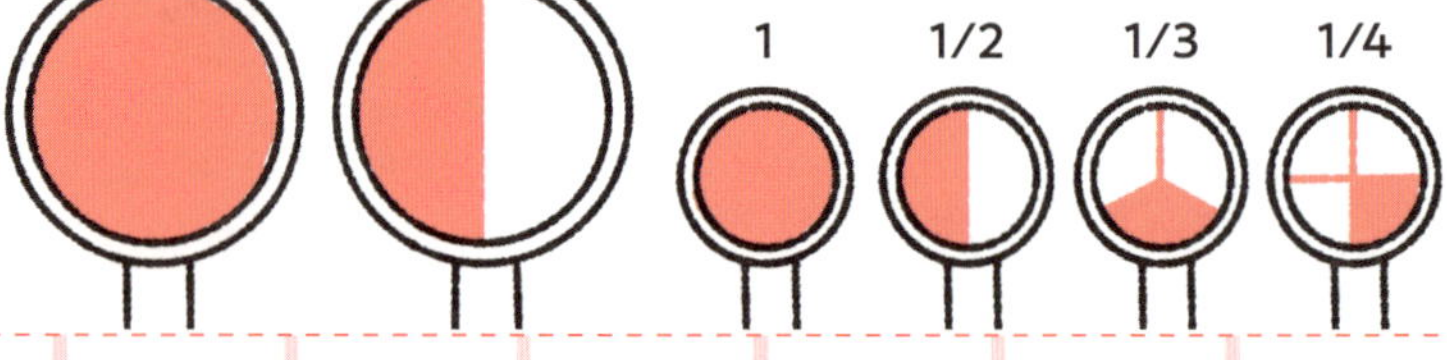

計量《けいりょう》カップ

すりきりで1カップ
(200ミリリットル)
はかれるものを選《えら》ぼう

おすすめの1リットルサイズの計量《けいりょう》カップ!

1リットルサイズの計量《けいりょう》カップは、卵《たまご》を混《ま》ぜたりするときに、こぼれにくく、便《べん》利《り》です。100円《えん》ショップやインターネットで、大人《おとな》といっしょに探《さが》してみてください。直径《ちょっけい》が10センチくらいあると、かき混《ま》ぜやすいですよ。耐熱《たいねつ》のものがあればさらに便利《べんり》です。

はかり

最大量《さいだいりょう》2~3キロまで
はかれるものを選《えら》ぼう

最低《さいてい》1キロははかれるものがほとんどですが、できれば2~3キロまではかれるものが、おすすめ。鍋《なべ》ごと乗《の》せられるので便利《べんり》です。水洗《みずあら》いできるものもあります。デザインで選《えら》んでもOK。その場合《ばあい》は、「技術基準適合《ぎじゅつきじゅんてきごう》マーク」(下《した》のマーク)がついているものを選《えら》びましょう。

はかり方《かた》の手順《てじゅん》

1 平《たい》らなところに置《お》く。

2 スイッチを入れたら
「0(ゼロ)」になるまで待《ま》つ
(「0」が表示《ひょうじ》されるまで触《さわ》らない)。

3 はかる容器《ようき》を乗《の》せる。

4 「0」表示《ひょうじ》にする(※)。

5 はかりたいものを容器《ようき》に入れる。

※はかる容器《ようき》の重《おも》さを減《へ》らすことを「風袋引《ふうたいび》き」というよ。

調《ちょう》理《り》道《どう》具《ぐ》のお手《て》入《い》れについて

道具《どうぐ》は使《つか》ったら、お手《て》入《い》れをします。
毎日《まいにち》でなくても、たまに調理道具《ちょうりどうぐ》の手《て》入《い》れをすると、道具《どうぐ》が長持《ながも》ちします。
少《すこ》し危《あぶ》ないこともあるので、身体《からだ》が大《おお》きくなって自分《じぶん》でできるようになるまで、
おうちの人《ひと》にお願《ねが》いしましょう。

包《ほう》丁《ちょう》

包丁《ほうちょう》は、使《つか》うたびに少《すこ》しずつ切《き》れにくくなります。プロは毎日《まいにち》お手《て》入《い》れをするぐらいです。簡易《かんい》の研《と》ぎ器《き》で研《と》ぐか、包丁研《ほうちょうと》ぎに出《だ》します。ステンレス、セラミック、ハガネといった材料《ざいりょう》で研《と》ぎ器《き》が変《か》わるので注意《ちゅうい》。はさみも研《と》いでくれる場合《ばあい》があります。

包丁《ほうちょう》の刃先《はさき》は、研《と》いでいくうちにどんどん細《ほそ》く小《ちい》さくなっていきます。昔《むかし》の人《ひと》はそんな包丁《ほうちょう》を見《み》て「こんなに使《つか》ったんだね」「料理《りょうり》が上手《じょうず》になったんだね」と言《い》ったとか。

自分《じぶん》だけの「マイ包丁《ほうちょう》」を買《か》ってもらったら、手《て》入《い》れを欠《か》かさず、長《なが》く大事《だいじ》に使《つか》いたいですね。

まな板《いた》

まな板《いた》は洗剤《せんざい》でしっかり洗《あら》って殺菌《さっきん》します。できれば毎日熱湯《まいにちねっとう》をかける。バイキンが増《ふ》えないようによく乾《かわ》かします。

ボウル、タッパー、すり鉢《ばち》、すりこぎ

よく乾《かわ》かして、しまいます。

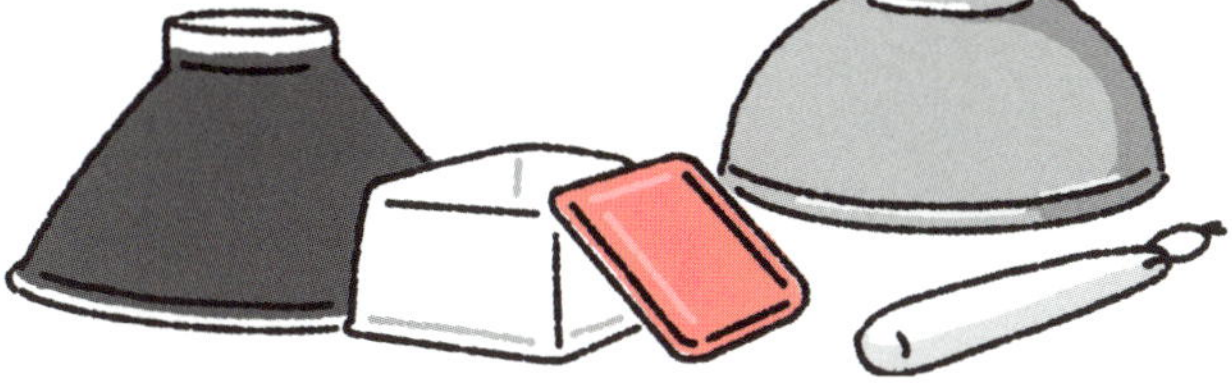

スライサーやレモンのしぼり器《き》

スライサー、レモンしぼり器《き》などの他《ほか》の調理道具《ちょうりどうぐ》も、使《つか》い終《お》わったら洗《あら》ってよく乾《かわ》かしてからしまいます。水《みず》がついたまましまうと、日本《にほん》ではバイキンが増《ふ》えてしまうことがあります。

鍋《なべ》

鍋《なべ》は焦《こ》げがつくこともあります。重曹《じゅうそう》や研磨剤《けんまざい》の入った洗剤《せんざい》でよく洗《あら》うと取《と》れます。

我《わ》が家《や》にある鉄《てつ》のフライパン、母《はは》が使《つか》っていたものを使《つか》っています。60年前《ねんまえ》のもの。包丁《ほうちょう》はおばあちゃんからもらいました。40年前《ねんまえ》のもの。調理道具《ちょうりどうぐ》は上手《じょうず》に使《つか》うとずーっと使《つか》えます。

味《あじ》つけに必要《ひつよう》な調味料《ちょうみりょう》、何《なに》がある？

調味料《ちょうみりょう》の「さしすせそ」、聞《き》いたことはあるかな？。「さ」は「砂糖《さとう》」、「し」は「塩《しお》」、「す」は「お酢《す》」、「せ」は「しょうゆ」、これはむかしの書《か》き方で「せうゆ」と書《か》いて「しょうゆ」と読《よ》んだから。最後《さいご》の「そ」は「みそ」のこと。そのほか、海藻《かいそう》や魚《さかな》の旨味《うまみ》を引《ひ》き出《だ》して作《つく》る出汁《だし》も、大切《たいせつ》な調味料《ちょうみりょう》の1つです。

調味料《ちょうみりょう》は、甘《あま》さ・辛《から》さ・しょっぱさ・すっぱさなどを加《くわ》えて、料理《りょうり》を食《た》べやすくしたり、味《あじ》わいを深《ふか》くしてくれます。

調味料《ちょうみりょう》の組《く》み合《あ》わせによって味《あじ》はいろいろ変《か》わってきます。自分《じぶん》の好《す》きな料理《りょうり》（味《あじ》）はどれかな？

しおっからい
料理《りょうり》の味《あじ》は「塩《しお》」が決《き》め手《て》！

塩《しお》

公正《こうせい》マークのついた塩《しお》ならなんでもOK。海《うみ》からとれる海塩《かいえん》や山《やま》からとれる岩塩《がんえん》などがあります。塩《しお》の中《なか》には、ほんのりと甘《あま》みがあるもの、うま味《み》があるものなど、粒《つぶ》が大《おお》きくて口《くち》に入《い》れたときの食感《しょっかん》が楽《たの》しめるもの、いろんな種類《しゅるい》があります。

甘《あま》～い！

砂糖《さとう》

「上白糖《じょうはくとう》」「グラニュー糖《とう》」「黒砂糖《くろざとう》(注《ちゅう》)」「てんさい糖《とう》」が主《おも》なお砂糖《さとう》です。いちばん手に入《はい》りやすい上白糖《じょうはくとう》があればOK。

グラニュー糖《とう》は最《もっと》も精製《せいせい》(※１)されており、すっきりとした甘《あま》みを出《だ》したいときによく使《つか》われます。黒砂糖《くろざとう》は精製《せいせい》されていない分《ぶん》、ミネラルが豊富《ほうふ》です。また、てんさい糖《とう》は、砂糖大根《さとうだいこん》から作《つく》られるまろやかな砂糖《さとう》です。

砂糖《さとう》がないときは、はちみつ(注《ちゅう》)やみりんを代《か》わりに使《つか》うこともできます。

砂糖《さとう》は甘《あま》いだけではなく、苦味《にがみ》をとったり、酸味《さんみ》をやわらげたり、肉《にく》をやわらかくする力《ちから》もあります。

保護者の方へ
(※１)精製：不純物を取り除いて、純度を高めること。よく精製された砂糖(上白糖やグラニュー糖)は、体への消化吸収がとても早い。反対に、あまり精製されていない砂糖(黒砂糖やてんさい糖)は、体への消化吸収に時間がかかる。
(注)黒砂糖、はちみつには、食中毒を引き起こす原因になるボツリヌス菌の萌芽が含まれていることがあります。１歳半未満の子どもには食べさせてはいけません。

旨《うま》みがあってしおからい

みそ（しょっぱい味《あじ》）

米《こめ》または麦《むぎ》と塩《しお》と豆《まめ》からできる調《ちょう》味《み》料《りょう》。米《こめ》の多《おお》い「米《こめ》みそ」「白《しろ》みそ」、豆《まめ》が多《おお》い「豆《まめ》みそ」、麦《むぎ》を使《つか》う「麦《むぎ》みそ」などがあります。ふつう、「みそ」と呼《よ》んでいるものは、たいてい「米《こめ》みそ」を指《さ》しています。家《いえ》で作《つく》る人《ひと》もいます。

香《かお》りがよくてしおからい

しょうゆ（しょっぱい味《あじ》）

しょうゆは大豆《だいず》と小麦《こむぎ》と塩《しお》で発酵《はっこう》した調《ちょう》味《み》料《りょう》で、３年《ねん》ぐらいかけて作《つく》ります。色《いろ》が濃《こ》い濃《こ》い口《くち》、うすいうす口《くち》があります。うす口《くち》のほうが、しおからいもの。よい香《かお》りがします。

味《あじ》をはっきりさせる！

お酢《す》（すっぱい味《あじ》）

すっぱい味《あじ》に欠《か》かせない「お酢《す》」は食《た》べ物《もの》に欠《か》かせないアクセント。入《い》れると味《あじ》がはっきりします。また、食《た》べ物《もの》を腐《くさ》りにくくする作用《さよう》もあります。
「お酢《す》」には、大《おお》きく分《わ》けて２つの種類《しゅるい》があります。

1：酢酸系《さくさんけい》のお酢《す》
（穀物酢《こくもつす》、りんご酢《す》、米酢《こめず》、黒酢《くろず》など甘《あま》みやでんぷんが醗酵《はっこう》・分解《ぶんかい》してできるお酢《す》）

２：クエン酸系《さんけい》のお酢《す》
（梅干《うめぼ》し、レモンやすだちなどの果物《くだもの》から直接《ちょくせつ》とれるお酢《す》）

この２つの違《ちが》いは、火《ひ》を加《くわ》えた後《あと》の味《あじ》わいです。クエン酸《さん》系《けい》のお酢《す》は、加熱《かねつ》しても酸味《さんみ》（すっぱい味《あじ》）がなくなりません。酢酸系《さくさんけい》のお酢《す》は、加熱《かねつ》すると酸味《さんみ》がうすくなります。

基本《きほん》の調味料《ちょうみりょう》のほかに、いろいろな調味料《ちょうみりょう》があります。

トマトを加工《かこう》したトマトケチャップ、卵《たまご》と油《あぶら》で作《つく》るマヨネーズ、野菜《やさい》や果物《くだもの》を発酵《はっこう》させて作《つく》るソース、塩《しお》とお出汁《だし》をまぜてある顆粒《かりゅう》だしやめんつゆなど、独特《どくとく》の香《かお》りや味《あじ》を付《つ》け足《た》すものです。塩《しお》が入《はい》っているものが多《おお》いので、料理《りょうり》の味《あじ》つけには少《すこ》しの量《りょう》から使《つか》いましょう。入《い》れすぎると、しおからくなったり、材《ざい》料《りょう》の味《あじ》が消《き》えてしまいます。

また同《おな》じ「ソース」と名前《なまえ》が付《つ》くものでも、ウスターソース、お好《この》み焼《や》き用《よう》、焼《や》きそば用《よう》などいろいろあります。おうちには何種類《なんしゅるい》の調味料《ちょうみりょう》があるか、見《み》せてもらってもいいですね。

基本調味料以外《きほんちょうみりょういがい》の便利《べんり》なもの

ケチャップ、ソース、マヨネーズ、顆粒《かりゅう》だし、めんつゆ

塩味《しおあじ》がついていて、調味料《ちょうみりょう》として使《つか》えるのでとても便利《べんり》です。

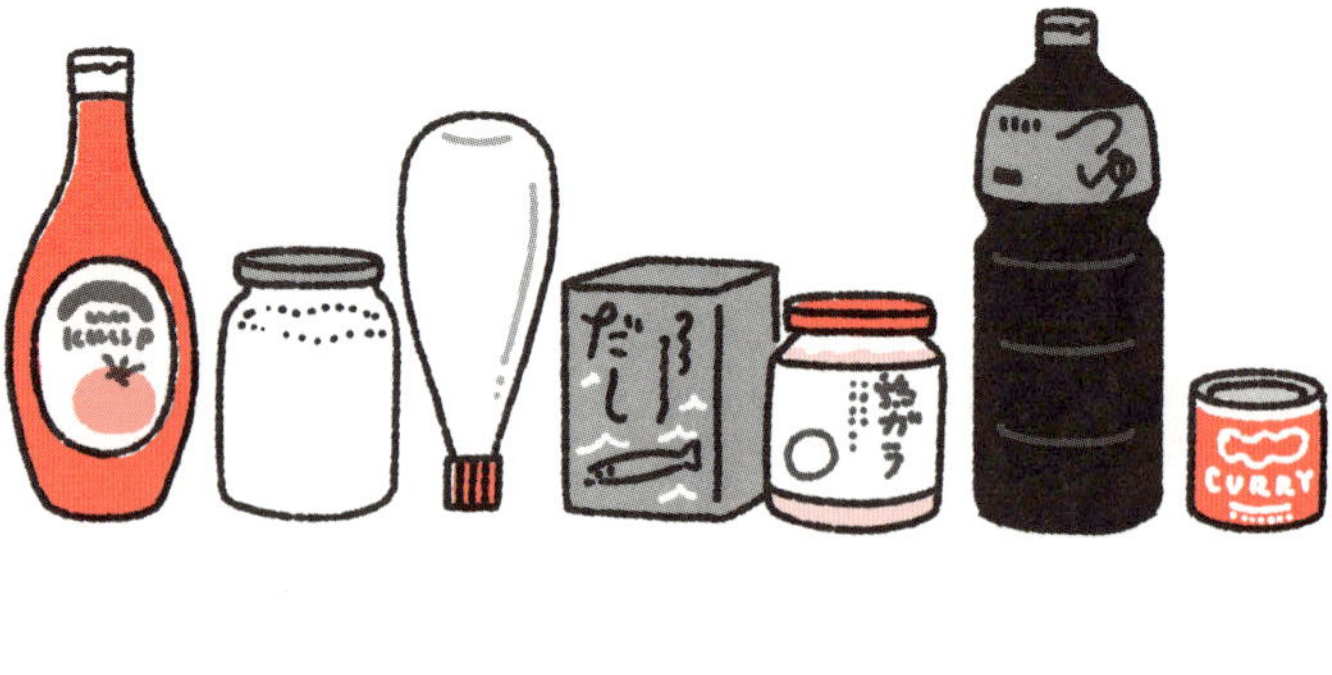

PART 3

買《か》い物《もの》
ひとりでできるかな？

買《か》う前《まえ》、買《か》うとき、買《か》ってから。
知《し》っておきたいこと

料理《りょうり》をするときは、たいてい材料《ざいりょう》を買《か》ってきます。
買《か》い物《もの》は、とってもたくさんの商品《しょうひん》の中《なか》から、ほしいものを選《えら》ぶということ。
どこに行《い》ったらよいかな？　何《なに》を選《えら》んだらよいかな？
この章《しょう》では、欲《ほ》しいもの、目的《もくてき》のものを
買《か》うためのコツをまとめています。

今夜《こんや》は
けんちん汁《じる》に
しようかね…
あれ、お肉《にく》がない。
みそももう
なくなりそうだね…
しんちゃん、
スーパーで、
豚肉《ぶたにく》とみそ、
買《か》ってきてくれる？
ハイ
ハイ
いいよー、
あ、おつりは
おこづかいに
ちょうだいね
ののスーパー
いらっしゃいませ
精肉
PORK
豚肉《ぶたにく》、
豚肉《ぶたにく》…と
国産
ののポーク
…えー、
こんなに
あるのー!?
おばあちゃん、
けんちん汁《じる》って
言《い》ってたな。
じゃあ、
薄切《うすぎ》り肉《にく》でいい？
いや、
似《に》たようなのに
豚《ぶた》こま切《き》れ肉《にく》って
のもあるぞ。
豚《ぶた》ひき肉《にく》も
あるけど、
まさか肉団子《にくだんご》は
作《つく》らないよね？
豚ひき
カナダ産
豚こま
うす切り
国産
うわ、400gと800g…
サイズが違《ちが》う！
夕《ゆう》ごはんは5人だから、
大《おお》きめのほうで
いいのかな？
大《おお》きいのでいいや！
安いほうにしようっと。

あとは、みそ、みそ、みそ…
みそ しょうゆ
あった！
また!!
麦みそ
ずらーり
えー、どれ買《か》えばいいんだー
おばあちゃんに聞《き》いておけばよかったなあ
信州《しんしゅう》みそかな？八丁《はっちょう》みそってのもあるな
減塩
米こうじ みそ
赤味噌
減塩《げんえん》？
あ、しょっぱくないやつかな？確《たし》かうちのみそ、白《しろ》っぽい色《いろ》だったような…
ああ、もうこれでいいや！
1
698円《えん》でーす 袋《ふくろ》は1枚《まい》5円《えん》です 有料《ゆうりょう》ですが、いいですか？
あ、いけない、エコバッグ忘《わす》れちゃった。…すみません、袋《ふくろ》もください。
ただいまーー!!
あれ、おかえりー。時間《じかん》かかったねー
はい、おつり。あとレシート。買《か》い物《もの》って、なんだか疲《つか》れるー！

買《か》い物《もの》をするところから、料理《りょうり》は始《はじ》まっています

料理《りょうり》を始《はじ》めよう！　あれ⁉　材料《ざいりょう》はどこかしらん。始《はじ》めてから「足《た》りない！」となると大変《たいへん》です。料理《りょうり》は材料《ざいりょう》を全部《ぜんぶ》そろえてからスタートします。

材料《ざいりょう》は、お店《みせ》などで、自分《じぶん》で買《か》ってきます。何《なに》を作《つく》るか考《かんが》えて、必要《ひつよう》な材料《ざいりょう》をそろえるのが、「ごはんの買《か》い物《もの》」です。

マンガのしんちゃんは、おばあちゃんに買《か》い物《もの》を頼《たの》まれました。でも、実際《じっさい》にスーパーに行《い》ったら、豚肉《ぶたにく》もみそもたくさんあって、何《なに》を買《か》ったらいいか困《こま》っていましたね。

こういうことはよくあります。どうしたらいいでしょう？

まずは家《いえ》の人《ひと》と一緒《いっしょ》に買《か》い物《もの》に行《い》く

おうちの人《ひと》が買《か》うものには、選《えら》ぶ基準《きじゅん》があります。たとえば、オレンジジュース。売《う》っているお店《みせ》やメーカーによって、たくさん種類《しゅるい》があり、値段《ねだん》もいろいろです。

しかも、1リットルサイズのものもあれば、500ミリリットル、250ミリリット

ルのものまで、サイズもいろいろあります。紙《かみ》パック入《い》りのジュースもありますし、瓶《びん》に入《はい》ったものもあります。「オレンジジュース」だけでは、誰《だれ》でも迷《まよ》ってしまいます。

おうちの人《ひと》と買《か》い物《もの》に行《い》くと、どんな「オレンジジュース」を選《えら》んでいるのか、わかるはず。おつかいを頼《たの》まれたら、「あ、いつもの、あのオレンジジュースかな？」と予想《よそう》できるようになります。

大人《おとな》が商品《しょうひん》を選《えら》ぶときの基準《きじゅん》の例《れい》

□こだわりのブランド商品《しょうひん》を買《か》う。
□この味《あじ》が好《す》きだから買《か》う。
□鮮度《せんど》がいいから買《か》う。
□似《に》たような商品《しょうひん》なら、値段《ねだん》が安《やす》いほうを買《か》う。
□原材料《げんざいりょう》ができるだけ少《すく》ないものを買《か》う（添加物《てんかぶつ》が少《すく》ない）。
□賞味期限《しょうみきげん》が近《ちか》いほうを買《か》う。
□大《おお》きい／小《ちい》さいサイズを買《か》う。
□国産《こくさん》／外国産《がいこくさん》だから買《か》う。

買《か》い物《もの》に行《い》く前《まえ》に、「買《か》うものリスト」を用意《ようい》する

何《なに》を買《か》うか迷《まよ》ったり、買《か》い忘《わす》れをなくすためにも、メモを用意《ようい》しておきましょう。

おうちの人《ひと》にほしい商品《しょうひん》のパッケージをもらっておくと、間違《まちが》いがありません。店《みせ》の人《ひと》に聞《き》くときも「これと同《おな》じものを探《さが》しています」と見《み》せられますからね。

買《か》い物《もの》に行《い》くときは、なるべくエコバッグを持《も》っていきましょう。

同《おな》じものでもスーパーのオリジナル商《しょう》品《ひん》だったり、違《ちが》う会社《かいしゃ》のものだったり、いろいろ。
“どこの？”をしっかりメモしましょう。

・コロッケ
○○スーパーの
オリジナルブランド
・オレンジジュース
1ℓ紙パックの
もの

飲《の》み物《もの》は、「サイズ」を聞《き》いておきましょう。

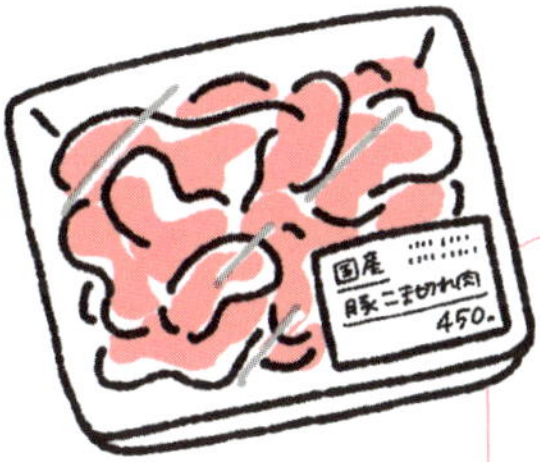
国産
豚こま切れ肉
450

肉類《にくるい》などは、種類《しゅるい》と量《りょう》を、そして、国産《こくさん》か外国産《がいこくさん》かなどで値段《ねだん》も変《か》わるので注意《ちゅうい》。

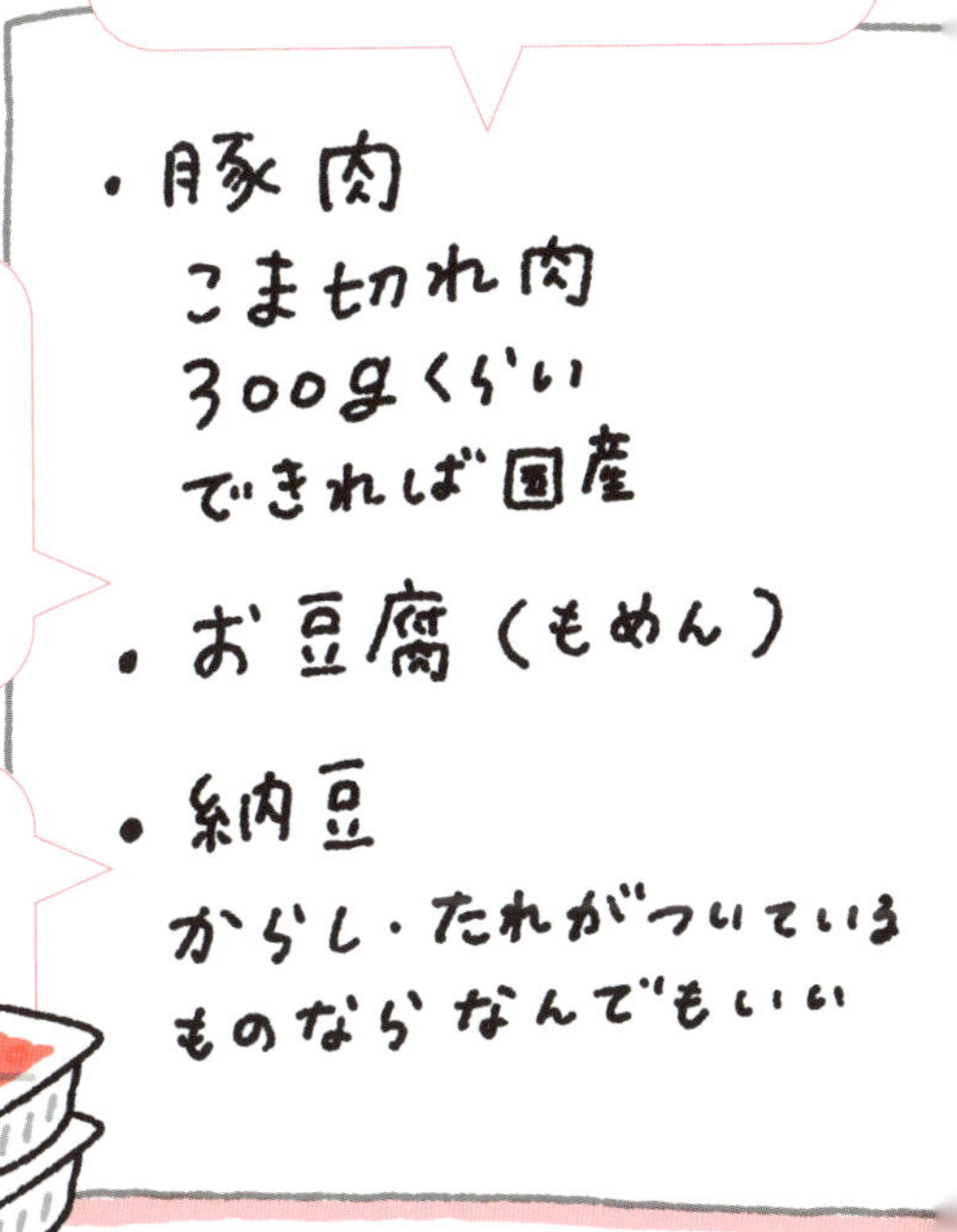
・豚肉
こま切れ肉
300gくらい
できれば国産
・お豆腐（もめん）
・納豆
からし・たれがついている
ものならなんでもいい

もめん

豆腐《とうふ》は、「絹《きぬ》」「もめん」「焼《や》き」「充《じゅう》てん」など何種類《なんしゅるい》もあります。その日《ひ》の料理《りょうり》により使《つか》い分《わ》けているかもしれませんので、聞《き》いておきましょう。

納豆《なっとう》は値段《ねだん》も、種類《しゅるい》もたくさんあります。選《えら》ぶときの基準《きじゅん》を確認《かくにん》しておきましょう。

おうちの人《ひと》がほしいものを買《か》ってこられたら大成功《だいせいこう》！

買《か》い物《もの》の正解《せいかい》は、「頼《たの》まれたものを買《か》ってくる」「必要《ひつよう》なものを買《か》ってくる」です。お料理《りょうり》を作《つく》るのに頼《たの》まれたもの、自分《じぶん》で料理《りょうり》をするのに必要《ひつよう》なものを多《おお》すぎず、少《すく》なすぎず買《か》い、持《も》って帰《かえ》ります。

お店《みせ》で迷《まよ》ったら、店員《てんいん》さんに聞《き》いてみよう

「この商品《しょうひん》がどうしても見《み》つからない」
「調味料《ちょうみりょう》の棚《たな》がどこにあるかわからない」
「ほしいものがどうも売《う》り切《き》れみたい、どうしよう」
「お金《かね》が足《た》りないとき、どうしよう」

買《か》い物《もの》リストを手《て》にスーパーに来《き》たものの、困《こま》ってしまうこともあるでしょう。
ひとりで困《こま》ったときは、すぐ近《ちか》くにいる店員《てんいん》さんに聞《き》くようにしましょう。

店員《てんいん》さんを探《さが》したいときは、
・おそろいのエプロンやユニフォームを身《み》につけている
・胸《むね》に名札《なふだ》をつけている
などが目印《めじるし》になります。
また、店員《てんいん》さんは棚《たな》を整理《せいり》したり、商品《しょうひん》を出《だ》したり、ほかのお客様《きゃくさま》の対応《たいおう》をしていたりすることもあります。

スーパーには、困《こま》っているお客《きゃく》さんを助《たす》けてくれる店員《てんいん》さんがいる「サービスカウンター」という場所《ばしょ》があります。そこにいる店員《てんいん》さんに声《こえ》をかけたほうが、対応《たいおう》してもらいやすいでしょう。

声《こえ》をかけるときは、礼儀《れいぎ》正《ただ》しく、丁寧《ていねい》に。そして、「何《なに》に困《こま》っているか」を、わかりやすく伝《つた》えるようにしましょう。

たとえば、「マヨネーズを探《さが》しています。どこにあるか教《おし》えてもらえますか？」「みかんのところまで連《つ》れていってもらえますか？」「酢《す》に手《て》が届《とど》かないので、とってもらえますか？」というようにたずねます。

ほしい商品《しょうひん》のパッケージをおうちの人にもらっておくと、買《か》い間違《まちが》いを防《ふせ》げますよ。

まろやか…
すみません！
わからないので
教《おし》えてください。
「まろやかシチュー」
は、どこに
ありますか？

買《か》った後《あと》に気《き》をつけたいこと

買《かい》い物《もの》を済《す》ませたら、家《いえ》から持《も》っていったエコバッグに入《い》れて持《も》ち帰《かえ》ります。

たとえば、魚《さかな》や肉《にく》などの生物《なまもの》（加熱《かねつ》して食《た》べるもの）と、果物《くだもの》や野菜《やさい》など加熱《かねつ》しないでそのまま食《た》べる食品《しょくひん》は、できるだけ分《わ》けて入《い》れます。

魚《さかな》や肉《にく》はビニール袋《ぶくろ》に入《い》れるといいですね。

魚《さかな》や肉《にく》など生物《なまもの》の汁《しる》には、食中毒《しょくちゅうどく》の原因《げんいん》にもなる菌《きん》がひそんでいます。汁《しる》が生《なま》のまま食《た》べる食品《しょくひん》につかないように気《き》をつけましょう。生物《なまもの》の汁《しる》がついた果物《くだもの》や野菜《やさい》などを万《まん》が一《いち》、食《た》べてしまったら、おなかをこわすかもしれません。

そして、買《か》い物《もの》のあとは寄《よ》り道《みち》をしないで、まっすぐに帰《かえ》りましょう。

それぞれの食品《しょくひん》を適《てき》した場所《ばしょ》へしまおう

買《か》い物《もの》リストのものを無事《ぶじ》に買《か》い終《お》わって帰宅《きたく》できました！　お疲《つか》れさまです。

でも、買《か》い物《もの》はまだ終《お》わっていません。すぐに、買《か》ったものをしまいます。

果物《くだもの》、野菜《やさい》は野菜室《やさいしつ》か外《そと》の棚《たな》、要《よう》冷蔵《れいぞう》は冷蔵庫《れいぞうこ》へ、要冷凍《ようれいとう》は冷凍庫《れいとうこ》へ。レトルト、缶《かん》づめなどはどこにしまうか、おうちの人《ひと》に聞《き》いてください。

保存方法《ほぞんほうほう》はラベルに書《か》いてあるので買《か》ってきたものをよく見《み》てみましょう。

開封前《かいふうまえ》は常温《じょうおん》。
開封後《かいふうご》は冷蔵保存《れいぞうほぞん》

開《あ》けてしまう前《まえ》は人間《にんげん》と同《おな》じところでもOK(暑《あつ》すぎず、寒《さむ》すぎないところ)。

冷暗所《れいあんじょ》で常温保存《じょうおんほぞん》

なるべく日《ひ》が当《あ》たらないところ、寒《さむ》くて暗《くら》いところに置《お》く。冷蔵庫《れいぞうこ》でなくてもいいよ。

□要冷蔵《ようれいぞう》→冷蔵庫《れいぞうこ》
□要冷凍《ようれいとう》→冷凍庫《れいとうこ》

次《つぎ》のことにも注意《ちゅうい》しましょう

□すぐ入《い》れる！

□肉《にく》や魚《さかな》は、他《ほか》の食品《しょくひん》に汁《しる》がつかないようにビニールに入《い》れる

□肉《にく》、魚《さかな》、卵《たまご》を取《と》り扱《あつか》うときは、取《と》り扱《あつか》う前《まえ》と後《あと》で必《かなら》ず手《て》を洗《あら》う

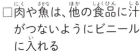

買《か》い方《かた》にも、マナーがあるよ

箸《はし》の持《も》ち方《かた》、お椀《わん》の持《も》ち方《かた》など、食《た》べ方《かた》のマナーと同《おな》じように、買《か》い方《かた》にもマナーがあります。

店《みせ》にはさまざまな人《ひと》が来《き》ています。みんなが気《き》持《も》ちよく買《か》い物《もの》できるように、やっていいことと悪いこと、考えてみましょう。

どんなものを買《か》う？　どこで買《か》う？　どう買《か》う？

「買《か》い物上手《ものじょうず》な人《ひと》」がしていることを、まとめました。

買《か》い物《もの》上手《じょうず》な人の11の秘密《ひみつ》

買《か》うときは必《かなら》ずメモを忘《わす》れない

メモを持《も》っていくと、忘《わす》れものがなくなるよ

アレがある？コレがない？買《か》い物前《ものまえ》にしっかりチェック

「あったのに買《か》っちゃった」とならないように

賞味期限《しょうみきげん》「助《たす》けて！」と言《い》う物《もの》の声《こえ》

古《ふる》くなるとすてられちゃう。食《た》べて助《たす》けてあげよう

買《か》うときは自分《じぶん》の量《りょう》を考《かんが》えよう

使《つか》うぶんだけ買《か》おう

ならべてあるものは崩《くず》しちゃダメよつみきだよ

きれいに積《つ》んである商品《しょうひん》は上《うえ》から手《て》に取《と》る。下《した》から取《と》って列《れつ》を崩《くず》さないこと

買《か》う前《まえ》にやたらさわらず戻《もど》さずに

野菜《やさい》や果物《くだもの》は、買《か》うと決《き》めてから手《て》に取《と》ろう

はらへりは買《か》い物《もの》の天敵《てんてき》気《き》をつけよう

おなかが空《す》いているとよけいなものを買《か》っちゃうよ

手《て》に取《と》って買《か》うと決《き》めたらレジまでゴー

いったんカゴに入れたり触《さわ》ったものは棚《たな》に戻《もど》さず買《か》おう

安《やす》くてもおまけがあっても買《か》わないよ

本当《ほんとう》に食《た》べきれる？おいしく食《た》べきれなければ意味《いみ》なし

セール品《ひん》次来《つぎき》たときも買《か》えるもの

安《やす》くても買《か》わない。今《いま》いらないなら買《か》わないよ

エコバッグを持《も》って出《で》かけよう

ビニール袋《ぶくろ》は必要《ひつよう》なときに使《つか》うだけにしよう

これは
やっていいこと？
ダメなこと？

○×クイズ

みなさんにクイズです。

「食《た》べ物《もの》はいつでも安全《あんぜん》に食《た》べられるもの」

さあ、これは○（正《ただ》しい）でしょうか？

×（間違《まちが》っている）でしょうか？

正解《せいかい》は「×」です。

“食《た》べ物《もの》”は料理《りょうり》をする前《まえ》は、食《た》べられないことがあります。

バイキンがいたり、人間《にんげん》が消化《しょうか》できないものだったり……

毎日《まいにち》のごはんや給食《きゅうしょく》も、おいしいのはもちろん、安全《あんぜん》に作《つく》って食《た》べるためのお約束《やくそく》があります。

クイズで見《み》ていこう！

Q1

日《ひ》があたるところに
置《お》きっぱなしのお弁当《べんとう》。

これは ○× ？

こたえ

×

食《た》べ物《もの》は温《あたた》かい場所《ばしょ》に置《お》いておくと、微生物《びせいぶつ》※の働《はたら》きでどんどん悪《わる》くなっていきます。悪《わる》くなった(いたんだ)食《た》べ物《もの》を食《た》べると、病気《びょうき》になったりおなかが痛《いた》くなったりします。お弁当《べんとう》をもっているときは、日《ひ》があたらない涼《すず》しい場所《ばしょ》に置《お》いたり、保冷《ほれい》バッグを使《つか》うようにしましょう。

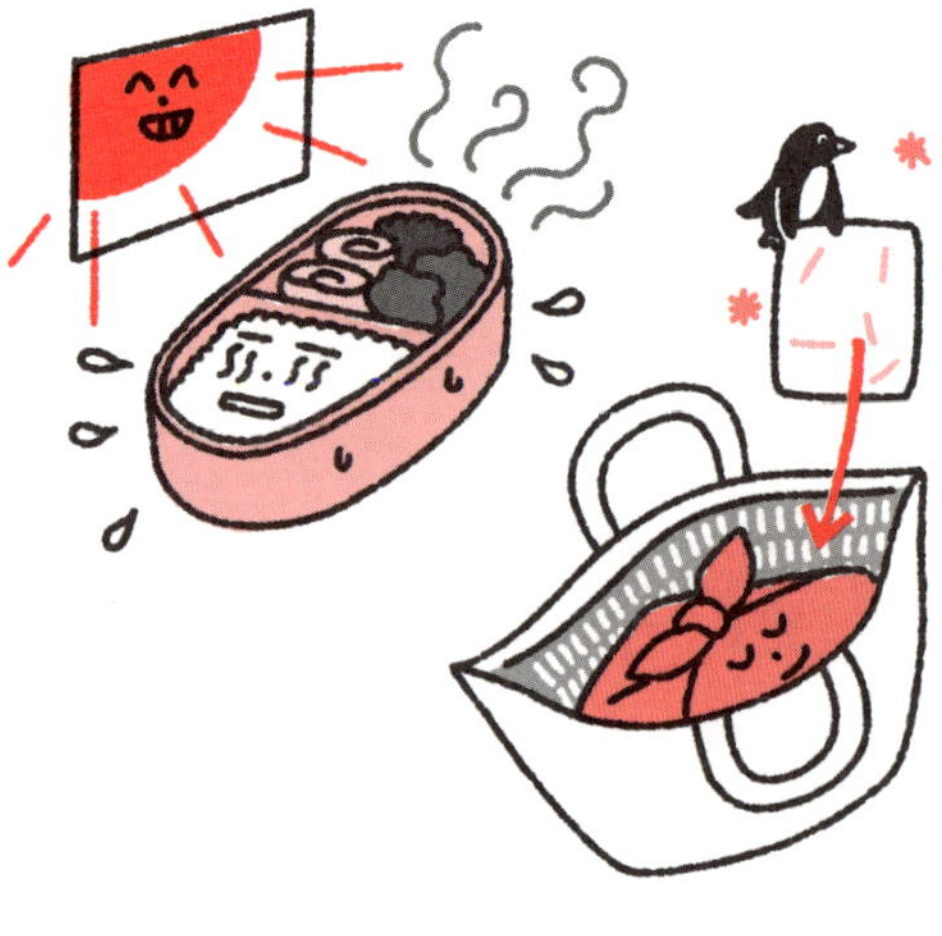

※目に見えないくらい小さな生き物で、いろんな場所にいます

Q2

お茶《ちゃ》やペットボトルの
ジュースがテーブルの上《うえ》に
置《お》きっぱなし。

これは〇×？

こ　た　え

✕

気温《きおん》が10～15度《ど》になったら、食《た》べるものは冷蔵庫《れいぞうこ》で保《ほ》存《ぞん》したほうが安全《あんぜん》です。たとえ太陽《たいよう》の光《ひかり》があたらなくても、室内《しつない》に置《お》いてあっても、食《た》べ物《もの》は悪《わる》くなります。炊飯器《すいはんき》のごはんも、ずっとそのままにしておいたら、腐《くさ》って食《た》べられなくなります。

食《た》べ物《もの》には、安全《あんぜん》においしく食《た》べられるように、保存方《ほぞんほう》法《ほう》が書《か》いてあります。常温《じょうおん》(部屋《へや》の温度《おんど》)で保存《ほぞん》できるものもあれば、一度《いちど》開《あ》けてしまったら冷蔵庫《れいぞうこ》で保存《ほぞん》するものもあります。保存方法《ほぞんほうほう》を確認《かくにん》するくせをつけると、食《た》べ物《もの》を安全《あんぜん》に食《た》べられる力《ちから》が鍛《きた》えられますよ。

Q3

バイキンがいないところは
どこでしょう？
いないところに○をしましょう。

ア．冷《れい》蔵《ぞう》庫《こ》の中《なか》
イ．手《て》の上《うえ》
ウ．床《ゆか》の上《うえ》
エ．まな板《いた》の上《うえ》

こ　た　え

じつは、
いないところは
ありません！

バイキン（菌《きん》）や微生物《びせいぶつ》は、どこにでもいます。

食《た》べ物《もの》は、冷蔵庫《れいぞうこ》に入《い》れておけば安心《あんしん》、と思《おも》いがち。でも、冷蔵庫《れいぞうこ》の中《なか》はバイキンの動《うご》きがゆっくりになるだけで、バイキンがいないわけではないのです。

一度《いちど》開《あ》けてしまった食料品《しょくりょうひん》、口《くち》をつけてしまったペットボトルの飲《の》み物《もの》には、バイキンがつきます。冷蔵庫《れいぞうこ》に入《い》れておけば長持《ながも》ちしやすくなりますが、ずっと安全《あんぜん》に保《ほ》存《ぞん》できるわけではありません。開《あ》けてしまったもの、口《くち》をつけてしまったものは、なるべく早《はや》く食《た》べきる、飲みきるようにしましょう。

Q4

添加物《てんかぶつ》は全部《ぜんぶ》、からだに悪《わる》いものなの？

こ　た　え

×

保存《ほぞん》のためには添加物《てんかぶつ》が必要《ひつよう》なこともあります。そのため、すべての添加物《てんかぶつ》がからだによくない、危険《きけん》ということはありません。

添加物《てんかぶつ》が「なぜ使《つか》われるのか？」を考《かんが》えてみましょう。

１つ目《め》の理由《りゆう》は、食《た》べ物《もの》を長持《ながも》ちさせるためです。一度《いちど》にたくさん作《つく》りすぎてしまったものは、食《た》べきれません。また、作《つく》ってから、スーパーなどの店《みせ》に並《なら》べられるまでに時間《じかん》がかかります。

２つ目《め》の理由《りゆう》は、食《た》べ物《もの》のおいしさを保《たも》つためです。Q2でも話《はな》しましたが、食《た》べ物《もの》（飲《の》み物《もの》）は、放《ほう》っておけば少《すこ》しずつ悪《わる》くなっていきます。

食《た》べ物《もの》を安全《あんぜん》に長持《ながも》ちさせるため、また食《た》べ物《もの》が悪《わる》くなるのを遅《おく》らせるために、「ビタミンC」「塩《しお》」「亜硝酸《あしょうさん》ナトリウム」「硝酸《しょうさん》カリウム」などの添加物《てんかぶつ》が使《つか》われているのです。

自分《じぶん》がよく食《た》べる食《た》べ物《もの》には、どんな材料《ざいりょう》が使《つか》われているのか、食品《しょくひん》の保存方法《ほぞんほうほう》と同《おな》じように、ラベルで確認《かくにん》するくせをつけるといいですね。

保護者の方へ

食品に使われる添加物の量には、厳しいルールがあります。そのルールを守ったものだけが店に並んでいるので、心配しすぎることはありません。１つ注意点を挙げるとすれば、子どもの体がまだ小さいうち（目安は体重が15キロ未満かどうか）は、科学的な添加物や新しい添加物が含まれた食品は控えめにすることをおすすめします。食中毒の場合と同じですが、体重が少ない人、体が小さい人など、まだ体が成長中の子どもは、こうした添加物の影響を受けやすくなるからです。

お菓子《かし》ばっかり食《た》べてちゃダメなのは、どうして？

みんなが大好《だいす》きなおやつはなんですか？

グミ？　ラムネ？　チョコレート？　ポテトチップス？

お菓子《かし》だけ食《た》べておなかがいっぱいになったら、ごはんなんていらない！　って思《おも》う人《ひと》もいるでしょう。でも、バランスよくいろんなものを食《た》べないと、体《からだ》が大《おお》きくなりません。お菓子《かし》はおいしいけれど、砂糖《さとう》、油《あぶら》、食塩《しょくえん》がたくさん使《つか》われていて、それだけ食《た》べていたら栄養《えいよう》バランスが崩《くず》れてしまいます。

日本《にほん》には、ハレの日《ひ》とケの日《ひ》、という文化《ぶんか》があります。ハレの日《ひ》はお祭《まつ》りや誕生日《たんじょうび》などのおめでたい特別《とくべつ》な日《ひ》。ケの日《ひ》は、いつも通《どお》りの普通《ふつう》の日《ひ》のこと。

ハレの日《ひ》にはふだんのごはんとは違《ちが》う、特《とく》別《べつ》なごはんをいただきます。たとえば、誕生《たんじょう》日《び》ケーキを食《た》べたり、ひな祭《まつ》りや子《こ》どもの日《ひ》にちらし寿司《ずし》や柏餅《かしわもち》を食《た》べたりなど。いつも通《どお》りの普通《ふつう》の日《ひ》があるからこそ、特別《とくべつ》な日《ひ》がとても大切《たいせつ》なものになります。

ふだんの食事《しょくじ》でバランスよく、いろんなものを食《た》べていたら、ハレの日《ひ》を「好《す》きなものを好《す》きなだけ食《た》べる日《ひ》」にするのも楽《たの》しい。大切《たいせつ》なのは、メリハリ（違《ちが》い）をつけることです。

一度《いちど》お菓子《かし》やおやつを手作《てづく》りしてみると、砂糖《さとう》や油《あぶら》の分量《ぶんりょう》に驚《おどろ》くはずです。自分《じぶん》で作《つく》ると、食《た》べ物《もの》の正体《しょうたい》が本当《ほんとう》によくわかります。それを知《し》った上《うえ》で、やはり毎日《まいにち》食《た》べたいか、たまに食《た》べるだけで十分《じゅうぶん》かなど、考《かんが》えてみるのもいいですね。

…買《か》い物《もの》が終《お》わったら、おつりのお金《かね》と店《みせ》でもらったレシートを、
大人《おとな》に渡《わた》そう。忘《わす》れずに、必《かなら》ずね。
これで買《か》い物《もの》ミッション、無事《ぶじ》終了《しゅうりょう》です！

PART 4

いよいよお料《りょう》理《り》、作《つく》ってみよう

「できた！」を感《かん》じるレシピから、献《こん》立《だて》、栄《えい》養《よう》まで

料《りょう》理《り》をするとき、いちばん大《たい》切《せつ》なのは、
「お料《りょう》理《り》するぞ！」という気《き》持《も》ち。
それだけあれば大《だい》丈《じょう》夫《ぶ》。
何《なに》に注《ちゅう》意《い》したらいいのかな？ をおさえたら
さっそく、やってみよう。

今夜《こんや》はハンバーグだぞー
なんかやりたいやりたい、やらせてー
じゃあ、ほらまず手《て》を洗《あら》ってきてー
なんか僕《ぼく》もやりたいー。もう手《て》洗《あら》ったよー
じゃあ、じゃがいも、切《き》ってくれるかな?
はぁい。
私《わたし》、お肉《にく》こねたい!
肉《にく》をさわった後《あと》は、また手《て》をよく洗《あら》うんだよ
はーい

なんだか、そっちのほうが楽《たの》しそう。やらせてー
え
もうつかれちゃった、いいよー
うわ、ぐねぐねたのしー！
ポイ
つかれちゃった
つづきおねがいします
包丁《ほうちょう》の置《お》きっぱなしは危《あぶ》ないよ！
手《て》はきれいに石《せっ》けんで洗《あら》うんだよ！病《びょう》気《き》になるよ
？
はーい

身《み》じたくをする

料理《りょうり》の前《まえ》に身《み》じたくするのは、危険《きけん》を予防《よぼう》するため。

そして、料理《りょうり》にバイキンなどが入《はい》らないようにするためだよ。安全《あんぜん》で清《せい》けつにスタートしよう。

対策《たいさく》1　髪《かみ》の毛《け》を整《とと》える（入《はい》らないように）

髪《かみ》が長《なが》い人《ひと》は、料理《りょうり》に髪《かみ》が入《はい》らないよう、しっかり後《うし》ろで結《むす》びましょう。ぼうしや三角《さんかく》巾《きん》で抑《おさ》えてもいいです。髪《かみ》が前《まえ》にたれていると、ガスコンロの火《ひ》が燃《も》えうつってしまうことがあります。

対策《たいさく》2

そでを上《あ》げる（燃《も》えないように）

料理中《りょうりちゅう》は、手首《てくび》から10センチくらい、そでを上《あ》げておきます。7分丈《ぶたけ》くらいが目安《めやす》です。

揚《あ》げ物《もの》をするときは、油《あぶら》がはねることもあるので、手首《てくび》が隠《かく》れていてもいいのですが、ふわふわしたりひらひらした服《ふく》は引火《いんか》しやすくて危険《きけん》なのでやめましょう。

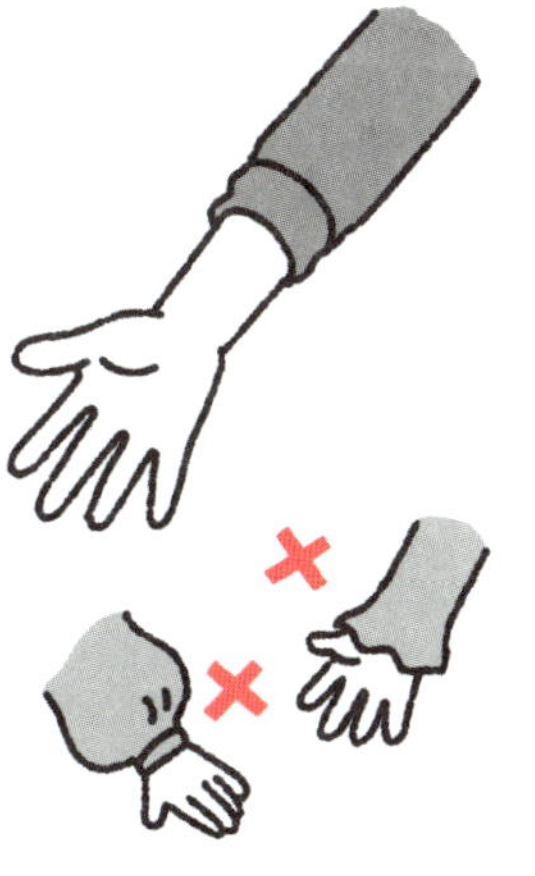

対策《たいさく》3

正《ただ》しく手《て》を洗《あら》う（バイキンたいじ）

1
水《みず》で手《て》を濡《ぬ》らします。

2
石《せっ》けんをしっかり泡立《あわだ》てて、指《ゆび》、手《て》の平《ひら》、手《て》の甲《こう》、手首《てくび》まで泡《あわ》をつけて洗《あら》います。

3
流水《りゅうすい》で泡《あわ》を流《なが》します。泡《あわ》が流《なが》れたあとも15秒《びょう》くらいすすぎます。数《かぞ》えてね。

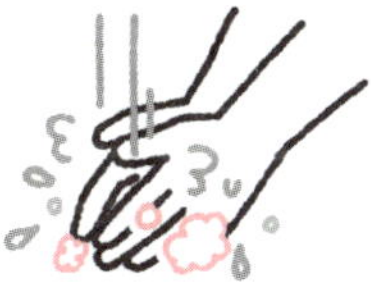

4
しっかり水分《すいぶん》をふきとり、乾《かわ》かします。ペーパータオル1枚《まい》で足《た》りないときは数枚《すうまい》使《つか》いましょう。
しっかり水分《すいぶん》をふきとれば、手荒《てあ》れ予防《よぼう》にもなります。

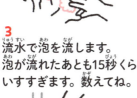

対策《たいさく》4

包丁《ほうちょう》を持《も》たないほうの手《て》を〝猫《ねこ》の手《て》〟にする（切《き》らないように）

指《ゆび》を切《き》らないように包丁《ほうちょう》を使《つか》うときは、具材《ぐざい》をおさえる手《て》を〝猫《ねこ》の手《こ》〟にします。

1

4本《ほん》の指《ゆび》をそろえて、まな板《いた》に爪《つめ》を立《た》てます。
カツンという音《おと》がしたら、
ちゃんと爪《つめ》が立《た》っている合図《あいず》です。
爪《つめ》を立《た》てておけば、指《ゆび》を切《き》ることはありません。

2

4本《ほん》の指《ゆび》を丸《まる》くします。
猫《ねこ》の手《て》のかたちをイメージするといいですよ。

3

親指《おやゆび》を、ひとさし指《ゆび》よりも低《ひく》い位置《いち》（後《うし》ろ）にします。

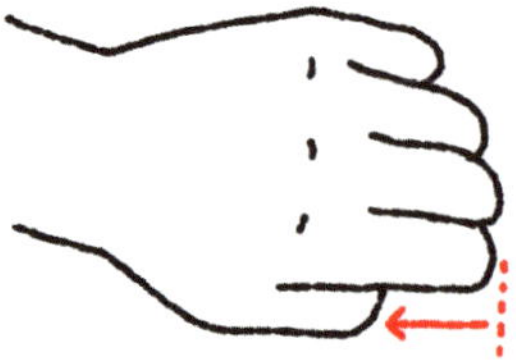

なぜ猫《ねこ》の手《て》かというと、
考案者《こうあんしゃ》が猫好《ねこず》きだったから

火《ひ》を使《つか》う前《まえ》に、「火《ひ》の消《け》し方《かた》」を知《し》ろう

ガスコンロの火《ひ》は、先《さき》に消《け》し方《かた》を知っておこう。どうやったら消《き》えるか、おうちの人《ひと》に聞《き》いてから使《つか》おうね。

火《ひ》を使《つか》うときの注意点《ちゅういてん》

注意《ちゅうい》1

材料《ざいりょう》を入れるときは、いったん火《ひ》を消《け》す

火《ひ》にかけた鍋《なべ》やフライパンに材料《ざいりょう》を入《い》れるときは、一度《いちど》火《ひ》を消《け》します。また、油《あぶら》や熱《あつ》いお湯《ゆ》がはねないように、低《ひく》い位置《いち》からそっと入れるのがヤケドしないコツです。

注意《ちゅうい》2

フタを開《あ》けるときは、鍋《なべ》つかみやふきんを使《つか》い、蒸気《じょうき》を逃《にが》すようにしよう

フタが熱《あつ》くなっているときは、かならず鍋《なべ》つかみや乾《かわ》いたふきんを使《つか》います。また水蒸気《すいじょうき》はかなりの高温《こうおん》なので要注意《ようちゅうい》。フタを開《あ》けるときは、自分《じぶん》から離《はな》れた側《がわ》から開《あ》けて蒸気《じょうき》を逃《にが》すようにしましょう。

注意《ちゅうい》3

もしもヤケドをしてしまったらすぐに水道水《すいどうすい》で冷《ひ》やす

あわてずに、大人《おとな》を呼《よ》ぼう。痛《いた》みがなくなるまで、ヤケドした部分《ぶぶん》を流水《りゅうすい》で冷《ひ》やしましょう。

保護者の方へ
子どもに料理をさせるときの大人の覚悟として、何か起きたときにすぐに対応できるように、できるだけそばにいてください。調理のときには危険がつきものです。「ちょっと来て！」と言われたときにすぐに駆けつけられるくらいの場所にいるように心がけてくださいね。
水ぶくれができたら、できれば皮ふ科に行きましょう。

調理《ちょうり》スタート！その前《まえ》に…チェックしてみよう

食材《しょくざい》の準備《じゅんび》はできている？

□肉《にく》や魚《さかな》、野菜《やさい》などはそろっている
□使《つか》う調味料《ちょうみりょう》も出《だ》してある

調理器具《ちょうりきぐ》もそろってる？

□器具《きぐ》はきれいに洗《あら》ったものを用意《ようい》した
□ふきんも用意《ようい》した

やる気《き》はあるかな？
やる気《き》がないときや疲《つか》れているときに、料理《りょうり》をすると、注《ちゅう》意力《いりょく》が落《お》ちて、けがをする危《き》険《けん》があります。料理《りょうり》は、「やる気《き》」「元気《げんき》」があるときに！

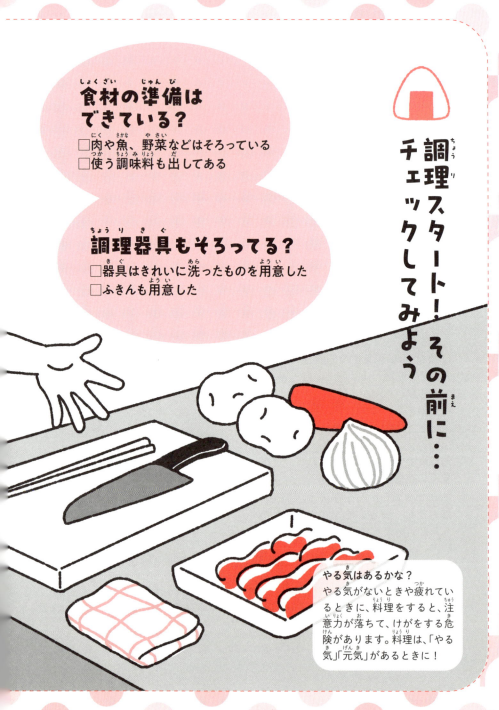

保護者の方へ
安全に料理をするとき、意外と大切なのが高さを合わせることです。低すぎても高すぎても、調理がしにくいものです。調理台の高さは、まな板がおへそのあたりにくるように調節します。

身じたくはだいじょうぶ？

□エプロンをした
□三角巾《さんかくきん》をかぶった
□そではまくった
□長《なが》い髪《かみ》はひとつにくくった

手《て》洗《あら》いはすんだかな？

□石《せっ》けんを泡立《あわだ》ててしっかり
□爪《つめ》はみじかく切《き》ってある

肉《にく》、魚《さかな》、卵《たまご》（たんぱく質《しつ》）を使《つか》うときの注《ちゅう》意《い》点《てん》

肉《にく》、魚《さかな》、卵《たまご》は、私《わたし》たちの体《からだ》をつくる質《しつ》のよいたんぱく質《しつ》がたくさん含《ふく》まれています。
でも、子《こ》どもが料理《りょうり》に使《つか》うときは、ちょっと注意《ちゅうい》が必要《ひつよう》です。おなかをこわしたりするバイキンがついていることがあるからです。

約束《やくそく》1
さわった後《あと》は、
必《かなら》ず石《せっ》けんで
手《て》を洗《あら》う。

約束《やくそく》2
肉《にく》、魚《さかな》、卵《たまご》がふれた
まな板《いた》、包丁《ほうちょう》、ボウルなどの
調理道具《ちょうりどうぐ》は、使《つか》い終《お》わったら
必《かなら》ず洗剤《せんざい》で洗《あら》う。

約束《やくそく》3
肉《にく》、魚《さかな》、卵《たまご》の
調理道具《ちょうりどうぐ》と、それ以外《いがい》の
野菜《やさい》の調理道具《ちょうりどうぐ》は
別《べつ》にしよう。

保護者の方へ

肉、魚、卵そのものは、特に危険な食材ではありませんが、難しいのが衛生管理です。こうした食品を使うときは、生で食べる野菜などは先に切ってしまい、最後の最後で、肉、魚、卵を切る・使うなど、手順に大人の気配りが必要です。

衛生管理の観点から、家庭ではできるかぎり、加熱してから肉を切るようにしてください。料理教室では、肉魚用まな板と野菜用まな板に分け、作業ごとに手を洗います。

もし生肉を使うのなら、切る必要がない薄切り肉やひき肉などのほうが、子どもがひとりで主体的に料理をするときに向いています。材料選びのときに注意してください。

まずは、「下《した》ごしらえ」にちょうせん！

料理《りょうり》の前《まえ》に、すぐ調理《ちょうり》できるように準備《じゅんび》することを「下《した》ごしらえ」といいます。当《あ》たり前《まえ》のことなので、「下《した》ごしらえ」はお料理《りょうり》の本《ほん》には書《か》いていないことがあります。

たとえば、じゃがいもなどは、土《つち》がついていることがあるので、洗《あら》ってきれいにします。

魚《さかな》にはうろこがついているので、お店《みせ》でとってもらいましょう。

こんにゃくは洗《あら》うだけではおいしくないことがあります。袋《ふくろ》の表示《ひょうじ》をよく見《み》てみよう。「あくぬき不要《ふよう》」などと書《か》いてなければ、たっぷりの湯《ゆ》と塩《しお》を少《すこ》し入《い》れてゆでます（あくぬき）。

肉《にく》は生臭《なまぐさ》いことがあるので、スープに入《い》れるときは、お湯《ゆ》で洗《あら》ってから、煮込《にこ》みます。

貝《かい》の中《なか》には砂《すな》が入《はい》っていることがあるので、ザルとボウルを重《かさ》ねて、うすい塩水《しおみず》を入《い》れて暗《くら》い場所《ばしょ》に置《お》いておき、砂《すな》を吐《は》かせます。

実践《じっせん》！ 煮《に》る・ゆでる・焼《や》くの順《じゅん》でやってみよう

「煮《に》る」は調味料《ちょうみりょう》を入《い》れて触《さわ》らないので基本的《きほんてき》にカンタン

まずは、そのまま煮《に》てみよう。

肉《にく》は切《き》らなくても調理《ちょうり》できるものを使《つか》います。薄切《うすぎ》り肉《にく》でもいいし、手羽元《てばもと》や手羽先《てばさき》でもかまいません。そこに調味料《ちょうみりょう》を加《くわ》えて煮《に》るだけ。

一度《ど》上《あ》がった温度《おんど》が下《さ》がるときに味《あじ》がしみ込《こ》むので、ずっと強火《つよび》で煮《に》るよりも途中《とちゅう》で弱火《よわび》にしたほうが味《あじ》のしみ込《こ》みがよくなり、早《はや》く仕上《しあ》がります。

ひとことで煮《に》るといっても、強火《つよび》・中火《ちゅうび》・弱火《よわび》などの火加減《ひかげん》があります。鍋《なべ》の様子《ようす》を見《み》てみましょう。

火加減《ひかげん》

弱火《よわび》
鍋底《なべぞこ》に火《ひ》があたらない

中火《ちゅうび》
鍋底《なべぞこ》に火《ひ》があたる

強火《つよび》
鍋全体《なべぜんたい》に火《ひ》があたる

「煮《に》る」の
簡単《かんたん》
レシピ

鶏手羽《とりてば》のサワー煮《に》

材料《ざいりょう》（4人分）

鶏手羽中《とりてばなか》（ハーフ）……12本《ほん》
しょうが（うす切《き》り）… 2枚《まい》

◎しょうゆ……………大《おお》さじ3
◎砂糖《さとう》………………大《おお》さじ2
◎酢《す》…………………大《おお》さじ1と1/2
◎水《みず》…………………300mℓ

作《つく》り方《かた》

鍋《なべ》に◎と鶏手羽中《とりてばなか》、しょうがを入《い》れてフタをして、照《て》りが出《で》て煮汁《にじる》がほとんどなくなるまで煮《に》る。

汁《しる》がなくなると、チリチリと音《おと》がしてきます。

聞《き》いてみて！

「ゆでる」は味《あじ》つけをしないで火《ひ》を通《とお》すこと

「煮《に》る」と「ゆでる」は似《に》ていますが、味《あじ》つけをしないのが「ゆでる」。パスタ・マカロニ・ほうれんそうなどは熱湯《ねっとう》からゆでます。じゃがいもやさつまいもなどのいも類《るい》は水《みず》からゆでます。

食材《しょくざい》の色《いろ》をきれいにしたり、あくをぬいたりする効果《こうか》もあります。

「ゆでる」の
簡単《かんたん》
レシピ

ゆで卵《たまご》

材料《ざいりょう》（2人分《りぶん》）
卵《たまご》……2個《こ》
水《みず》……鍋《なべ》に入《い》れて卵《たまご》がかぶるくらい
塩《しお》……小《こ》さじ1/4

作《つく》り方《かた》

1 鍋《なべ》に水《みず》と塩《しお》、卵《たまご》を入《い》れて、火《ひ》にかける。

2 黄身《きみ》が真《ま》ん中《なか》にくるように、菜箸《さいばし》で卵《たまご》をコロコロ動《うご》かす（水《みず》が沸騰《ふっとう》するまで）。

3 お湯《ゆ》がぶくぶくしてから5分《ふん》たったら火《ひ》を止《と》める。

4 あみじゃくしですくって、10数《かぞ》えるうちに卵《たまご》の表面《ひょうめん》が乾《かわ》いたらできあがり。乾《かわか》かなかったらお湯《ゆ》に戻《もど》す（火《ひ》はつけなくてよい）

5 水《みず》を入《い》れたボウルの中《なか》に卵《たまご》を入《い》れて、よく冷《さ》ます。

6 からに小《ちい》さなひびをたくさん入《い》れてくるりとむく。

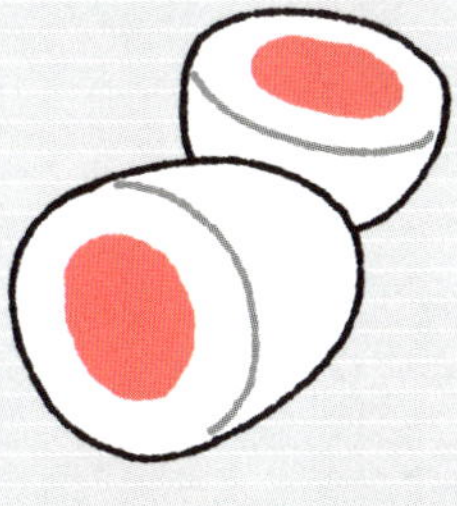

保護者の方へ
子どもは鍋などの熱いものを持って移動しないようにします。**5**の水の入ったボウルは鍋の近くに置いておきましょう。

「炒《いた》める」「焼《や》く」は熱《あつ》い鍋《なべ》を扱《あつか》うので少《すこ》し難易度《なんいど》アップ

フライパンや鉄板《てっぱん》などに油《あぶら》を入《い》れて温《あたた》め、そこに切《き》った材料《ざいりょう》を入《い》れて混《ま》ぜながら火《ひ》を通《とお》す調理《ちょうり》が「炒《いた》める」です。温《あたた》まった油《あぶら》の力《ちから》で食材《しょくざい》に火《ひ》が通《とお》りやすくなります。じっくり火《ひ》を通《とお》すのが「焼《や》く」です。

火《ひ》が通《とお》りにくい食材《しょくざい》から先《さき》に炒《いた》めます。火《ひ》が強《つよ》くなりすぎると焦《こ》げるので、注意《ちゅうい》しましょう。菜箸《さいばし》は長《なが》めのものを使《つか》います。

- 火《ひ》が通《とお》りにくいものは根菜《こんさい》（にんじん、じゃがいもなど）
- 葉野菜《はやさい》は火《ひ》が通《とお》りやすいよ

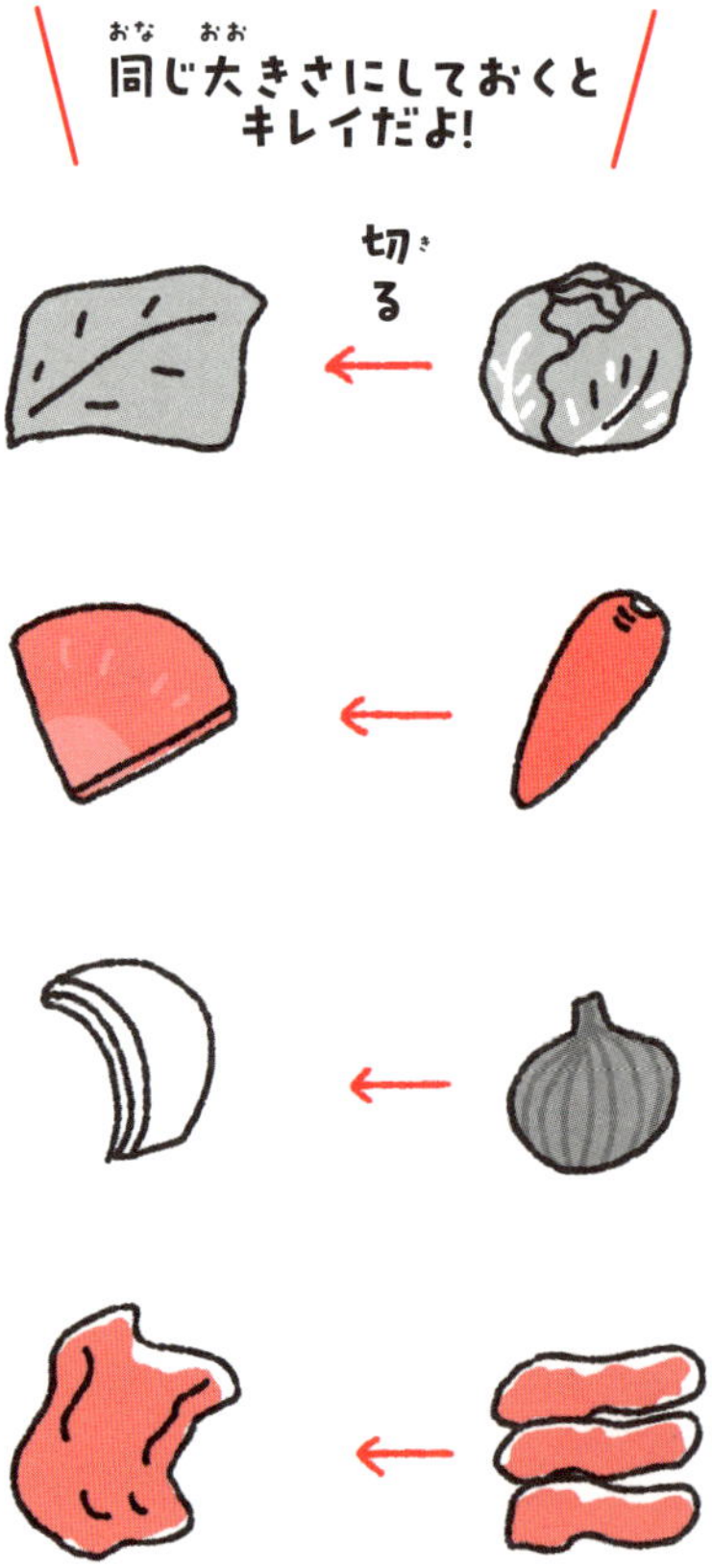
同《おな》じ大《おお》きさにしておくとキレイだよ!
切《き》る

「焼《や》く」の
簡単《かんたん》
レシピ

焼《や》きそば

材料《ざいりょう》（1人《り》分《ぶん》）

豚肉《ぶたにく》（ばら切《き》り落《お》とし）‥‥50g
キャベツ‥‥‥‥‥‥‥‥‥‥50g
もやし‥‥‥‥‥‥‥‥‥‥‥ひとつかみ（40g）
にんじん‥‥‥‥‥‥‥‥‥‥1／2本《ほん》
炒《いた》め油《あぶら》‥‥‥‥‥‥‥‥‥小《こ》さじ1
めん‥‥‥‥‥‥‥‥‥‥‥‥1袋《ふくろ》
ソース‥‥‥‥‥‥‥‥‥‥‥大《おお》さじ3（35g）

作《つく》り方《かた》

1 キャベツは一口《くち》サイズにちぎる（もしくは切《き》る）。にんじんは皮《かわ》をむいて、ピーラーか包丁《ほうちょう》でうす切りにする。もやしは洗《あら》う。

2 フライパンに肉《にく》を入《い》れて炒《いた》め、**1**の野菜《やさい》を加《くわ》えて炒《いた》める。野菜《やさい》に火《ひ》が通《とお》ったら、いったん皿《さら》に取《と》り出《だ》す。

3 **2**と同《おな》じフライパンに油《あぶら》を入《い》れ、めんを炒《いた》める。1〜2分《ふん》でめんが温《あたた》まったら、**2**の具《ぐ》を入《い》れてめんにからめ、ソースを混《ま》ぜて、できあがり。

ポイント

●野菜《やさい》は一口《くち》サイズになっていれば、手《て》でちぎっても、切《き》ってもOK。
●**2**の野菜《やさい》は盛《も》りつけ皿《ざら》に取《と》り出《だ》す、でもOK。
●脂《あぶら》が少《すく》ない肉《にく》を使《つか》うときは、焦《こ》げつかないように油《あぶら》を敷《し》く。

自《じ》立《りつ》レシピ1

炊飯器《すいはんき》でごはんを炊《た》いてみよう

お米《こめ》は世界中《せかいじゅう》どこでも手《て》に入《はい》ります。お米《こめ》が炊《た》けたら、もうそれだけで立派《りっぱ》な一品《いっぴん》ができあがり。

しっかり炊《た》いておけば、1日《にち》くらいは常温《じょうおん》でも持《も》ちます。特《とく》に、日本《にほん》ではごはんが炊《た》けることは大《たい》切《せつ》！　和食《わしょく》のおかずにたいてい合《あ》うから一生役《いっしょうやく》に立《た》つよ。

ぜひ、一人《ひとり》でごはんを炊《た》くことにチャレンジしてみてください。

材料《ざいりょう》（4人分《にんぶん》）

米《こめ》……2合《ごう》

水《みず》……炊飯器《すいはんき》のメモリの2合《ごう》になる分《ぶん》だけ入《い》れる

作《つく》り方《かた》

1 ざるとボウルを重《かさ》ねて、米《こめ》を入《い》れてからさっと水《みず》で洗《あら》う。

2 ざるをあげ、ボウルに残《のこ》った白《しろ》い水《みず》を捨《す》てる。2～3回《かい》くりかえす。

3 炊飯器《すいはんき》の釜《かま》に米《こめ》を入《い》れ、米《こめ》の分量《ぶんりょう》に合《あ》ったメモリまで水《みず》を入《い》れる。

4 炊飯器《すいはんき》のスイッチを入《い》れる。

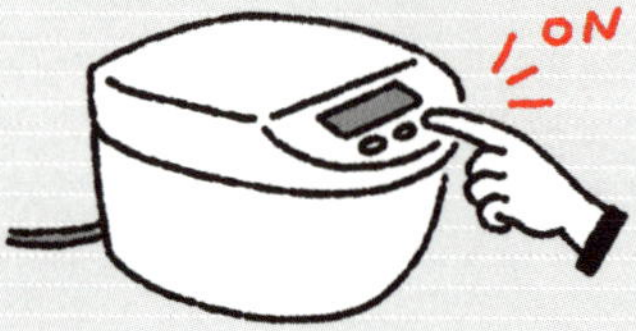

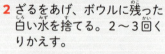

自立《じりつ》
レシピ2

おにぎりを作《つく》ろう!

ごはんはお弁当《べんとう》の基本《きほん》。

ごはんを使《つか》った一番《ばん》お手軽《てがる》なお弁当《べんとう》は、なんといってもおにぎり!

中《なか》に入《い》れる具《ぐ》は、105ページの栄養《えいよう》バランスも参考《さんこう》に、いろいろ考《かんが》えてみましょう。

おにぎりは、中《なか》に具《ぐ》を入《い》れるタイプだけじゃなく、混《ま》ぜるタイプ、中《なか》にはさむタイプもあるよ。

少《すこ》しおなかが空《す》いたとき、お菓《か》子《し》じゃなくておにぎりを握《にぎ》って食《た》べてもいいね。

材料《ざいりょう》(おにぎり1個分《こぶん》)
ごはん(あたたかいもの)…茶碗半分《ちゃわんはんぶん》くらい(100g くらい)
お好《この》みの具《ぐ》………………例《れい》:おかか、焼《や》きさけなど
小《こ》さじ1〜大《おお》さじ1くらい

用意《ようい》するもの ラップ、おわん

作《つく》り方《かた》

1 作《つく》り始《はじ》める前《まえ》に、おにぎりの具《ぐ》をそろえておく。

2 茶碗《ちゃわん》にごはんを入《い》れ、具《ぐ》を入《い》れる。

3 手《て》のひらにラップを1枚《まい》のせ、茶碗《ちゃわん》をひっくり返《かえ》してごはんを手《て》の真《ま》ん中《なか》にのせ、ラップで包《つつ》む。

4 ごはんののっている手《て》はコの字《じ》にし、もう片《かた》方《て》の手《て》を山《やま》の形《かたち》にして、ぎゅっとにぎる。

5 形《かたち》を三角《さんかく》にととのえる(握《にぎ》りすぎないように注意《ちゅうい》)。

自立《じりつ》
レシピ3

なんでものせちゃう！

ごはんにおかずをのせれば、どんぶりのできあがり。

同《おな》じように、主食《しゅしょく》のパンにおかずや果物《くだもの》などをのせれば、りっぱな一食《しょく》になります。組《く》み合《あ》わせはなんでもあり！

切《き》るのがむずかしかったら、好《す》きな具材《ぐざい》をのせてトーストみたいにして食《た》べてね。
もしサンドイッチにするなら、具《ぐ》材《ざい》をのせたあとにもう1枚《まい》のパンではさんで、食《た》べやすい大《おお》きさに切《き》るよ。

材料《ざいりょう》

食《しょく》パン ………………… 1枚《まい》
パンの上《うえ》にのせるもの
…… バナナ、チーズ（分量《ぶんりょう》はお好《この》みで）

お好《この》みで、魚《さかな》グリルやトースターで焼《や》いてもいいよ！
バナナをスライスするときは、テーブルナイフやバターナイフを使《つか》ってもいいよ。

作《つく》り方《かた》

1 バナナをスライスして、食《しょく》パンにのせる。
2 1の上《うえ》にチーズをのせる。

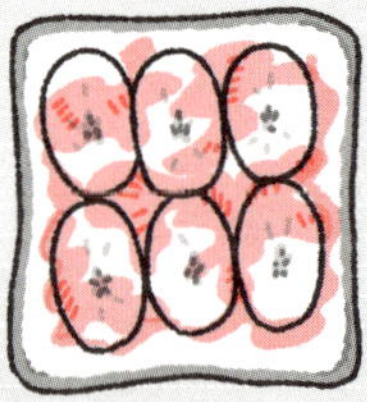

具材《ぐざい》の組《く》み合《あ》わせ、こんなのもアリ！

おかず系《けい》

- 焼《や》き鮭《さけ》×スライス玉《たま》ねぎ×マヨネーズ
- 肉《にく》（チキンナゲットやコロッケ）×キャベツの千切《せんぎ》り×ケチャップ×マスタード
- ツナ×おろしにんじん
- バター×佃煮《つくだに》

おやつ系《けい》

- 缶詰《かんづめ》フルーツ×砂糖《さとう》
- ピーナツバター×りんごのスライス
- バター×お気《き》に入《い》りのジャム

お気《き》に入《い》りを作《つく》ろう！みそ汁《しる》みそだま

みそ汁《しる》みそだまを作《つく》っておけば、いつでもカンタンにみそ汁《しる》が食《た》べられます。

焼《や》き麩《ふ》、わかめ、乾燥野菜《かんそうやさい》など、すぐ食《た》べられる好《す》きな具材《ぐざい》を組《く》み合《あ》わせて、混《ま》ぜるだけ。

たくさん作《つく》ったら1杯《ぱい》ずつラップにくるんで、冷凍保存《れいとうほぞん》しておきます。1か月《げつ》くらいはもちます。

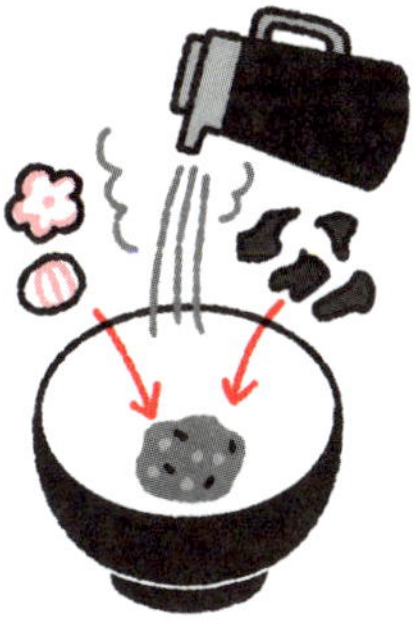

みそ汁《しる》にするときは、おわんにみそ玉《たま》、うずまきふ、わかめを入《い》れてからお湯《ゆ》をそそぎ、よく混《ま》ぜます。
焼《や》き麩《ふ》は、花巻《はなまき》、キャラクターものなどいろいろ種類《しゅるい》があるので、選《えら》ぶのも楽《えら》しいです。

材料《ざいりょう》（6杯分《はいぶん》）

みそ	60グラム	水《みず》	大さじ1
削《けず》りぶし	4グラム	焼《や》き麩《ふ》（うずまきふ）	6個《こ》〜12個《こ》
万能《ばんのう》ねぎ	2本《ほん》	乾燥《かんそう》わかめ	大さじ1

作《つく》り方《かた》

1 削《けず》りぶしはたいらなお皿《さら》に並《なら》べ、ラップをしないでレンジに1分《ぷん》30秒《びょう》かける。
2 **1**をポリ袋《ぶくろ》に入《い》れてもんで、粉《こな》にする。
3 ねぎはこまかくきざむ。
4 ボウルにみそと水《みず》を入《い》れてよく混《ま》ぜる。
5 **4**にねぎを入《い》れて混《ま》ぜ、フタをしないでレンジに30秒《びょう》かける。
6 レンジに2分《ふん》かけて混《ま》ぜ、もう一度《ど》1分《ぷん》かけて混《ま》ぜる。
7 最後《さいご》に**1**の削《けず》りぶしを入《い》れて混《ま》ぜる。
8 6つに分《わ》けてラップに包《つつ》む。

自《じ》立《りつ》
レシピ5

ピーラーとハサミでできる

きゅうりの中《ちゅう》華《か》和《あ》え

材料《ざいりょう》（2人《り》分《ぶん》）

きゅうり…………………2本《ほん》

〈タレ〉

ごま油《あぶら》…………………大《おお》さじ1／2

酢《す》…………………………大《おお》さじ1／2

しょうゆ………………小《こ》さじ1

作《つく》り方《かた》

1 きゅうりを好《す》きな大《おお》きさに切《き》る。

2 きゅうりをボウルに入《い》れ、ごま油《あぶら》と混《ま》ぜ、酢《す》、しょうゆを入《い》れて混《ま》ぜれば、できあがり。

ポイント

- 酢《す》が苦手《にがて》な人《ひと》は、砂糖《さとう》（小《こ》さじ1／2）を入《い》れる
- ごま油《あぶら》をオリーブオイル、酢《す》をレモン、しょうゆを塩少々《しおしょうしょう》に変《か》えるとイタリア風《ふう》に変身《へんしん》
- レタス、キャベツ、トマトなどにも応用《おうよう》できます

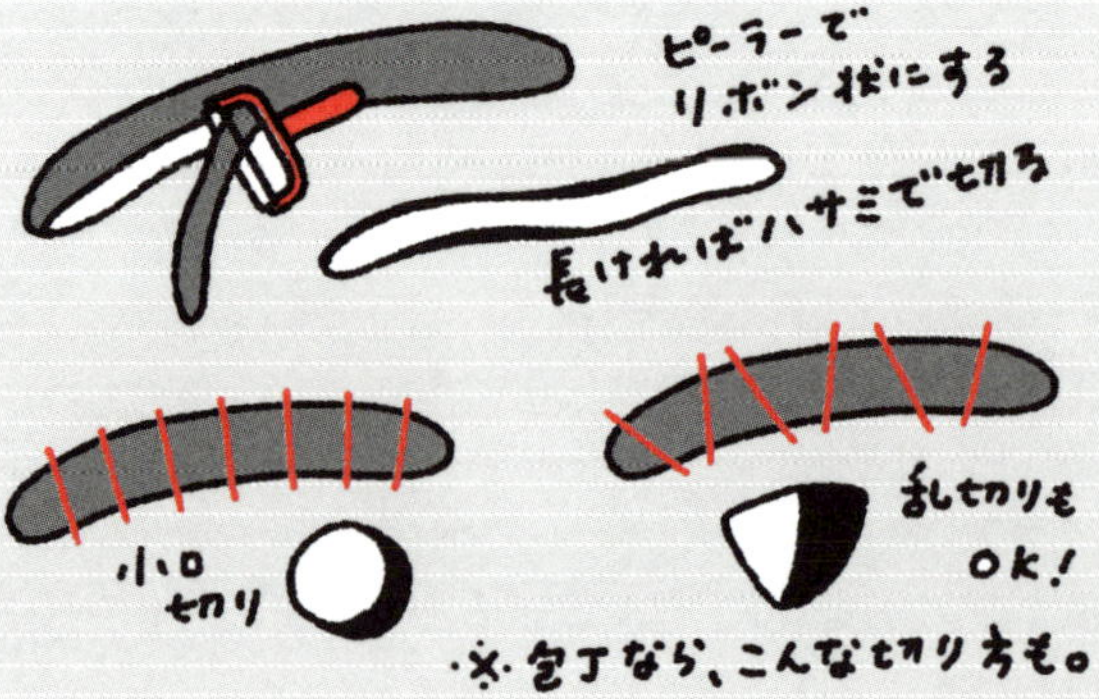

ピーラーとハサミでできる

きんぴらごぼう

自立《じりつ》
レシピ6

材料《ざいりょう》（2人《り》分《ぶん》）

ごぼう……………………160g
にんじん…………………40g（1／4本《ほん》）
ごま………………………小《こ》さじ1
油《あぶら》 ……………………小《こ》さじ1／2
水《みず》…………………………大《おお》さじ2
砂糖《さとう》 ……………………小《こ》さじ1
しょうゆ…………………小《こ》さじ1

作《つく》り方《かた》

1 ごぼうは皮《かわ》をたわしで洗《あら》い、ピーラーでうすく切《き》り、ハサミで細《こま》かくする。にんじんも同《おな》じように切《き》る。包丁《ほうちょう》でせん切《ぎ》りにしてもいいよ。

2 フライパンを温《あたた》め、ごま油《あぶら》を入《い》れて、ごぼう、にんじんを炒《いた》める。途中《とちゅう》、水《みず》（大《おお》さじ1）を2回《かい》入《い》れて、蒸気《じょうき》で炒《いた》める。

3 砂糖《さとう》、しょうゆを入《い》れて全体《ぜんたい》を混《ま》ぜながら炒《いた》め、最後《さいご》にごまをふる。

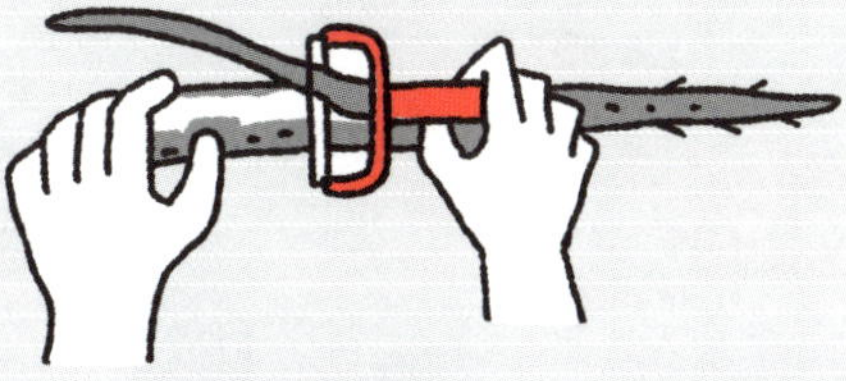

ピーラーとハサミでできる

にんじんの友禅《ゆうぜん》いり

自《じ》立《りつ》
レシピ7

材料《ざいりょう》（2人《り》分《ぶん》）

にんじん……………………170g（約《やく》1本《ぽん》）
（あれば）さやえんどう …2～3枚《まい》
たらこ………………………20g
バターまたはごま油《あぶら》……5g

作《つく》り方《かた》

1 にんじんは皮《かわ》をむき、そのままピーラーでうす切《ぎ》りをたくさん作《つく》る。または、包丁でせん切《ぎ》りにする。

2 さやえんどうはスジをとり、ハサミで斜《なな》めせん切《ぎ》りにする。

3 フライパンに油《あぶら》を入《いれ》れ、にんじんをしんなりするまで炒《いた》める。太《ふと》めのときは途中《とちゅう》で大《おお》さじ1の水《みず》（分量外《ぶんりょうがい》）を加《くわ》えて蒸気《じょうき》で火《ひ》を通《とお》す。

4 さやえんどう、ハサミでザク切《ぎ》りしたたらこを入《い》れてよく混《ま》ぜ、たらこに火《ひ》が通《とお》ったら、できあがり。

煮《に》るだけの

魚《さかな》の煮《に》つけ

自《じ》立《りつ》
レシピ8

材料《ざいりょう》（2人《り》分《ぶん》）

メバルやカサゴ …………2尾《び》
（頭《かしら》付《つ》き・1尾《び》（び）約《やく》150〜200ｇ）
うろこなし、えらと内臓《ないぞう》を取《と》って洗《あら》ったものを用意《ようい》しよう
しょうが（うすぎり）……2枚《まい》
白《しろ》ねぎ…………………1本《ぽん》
◎水《みず》…………………150㎖
◎砂糖《さとう》………………大《おお》さじ1
◎しょうゆ …………………大《おお》さじ2
◎みりん……………………大《おお》さじ1

作《つく》り方《かた》

1 白《しろ》ねぎは、2〜3cm幅《はば》に切《き》る。

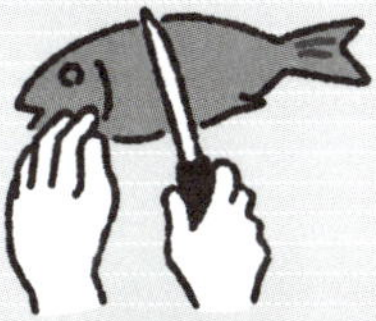

2 頭《あたま》が左《ひだり》にくるように魚《さかな》をおき、身《み》の部分《ぶぶん》に切《き》れ目《め》を入《い》れる。

3 フライパンに◎の調味料《ちょうみりょう》をすべて入《い》れ、魚《さかな》、白《しろ》ねぎ、しょうがを入《い》れ、クッキングペーパーの落《お》としブタ、きせブタをして煮《に》る。（中火《ちゅうび》で7分《ふん》）

4 ゆっくりとフタを開《あ》け、トングでクッキングペーパーを取《と》り、フライ返《がえ》しでお魚《さかな》をくずさないようにゆっくりお皿《さら》に盛《も》りつける（頭《あたま》が左《ひだり》にくるように）。ねぎをそえて、できあがり。

※きせブタ（着《き》せブタ）は、ふつうのフタのこと。

包丁《ほうちょう》とピーラーでつくる

具《ぐ》だくさん豚汁《とんじる》

自立《じりつ》
レシピ9

材料（4人分）

豚肉《ぶたにく》うす切り………100g
にんじん……………1／2本《ぽん》
大根《だいこん》………………100g
玉《たま》ねぎ……………1／2個《こ》
こんにゃく…………50g
青《あお》ねぎ……………1〜2本《ほん》
みそ…………………60g
〈だし汁《じる》〉
水《みず》…………………1リットル
昆布《こんぶ》（約《やく》3×5㎝）…1枚《まい》
削《けず》りぶし……………7g

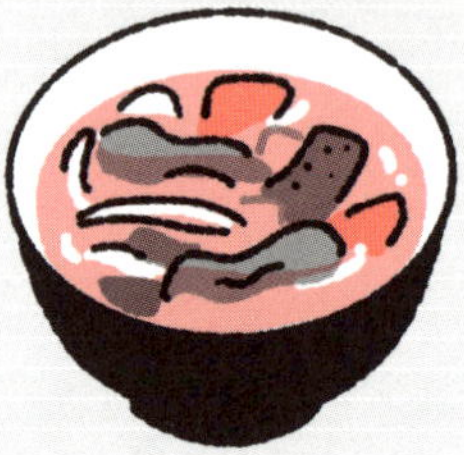

[だしをとる]

1 鍋《なべ》に水《みず》を入《い》れ、昆布《こんぶ》をつける。昆布《こんぶ》が大《おお》きくなったら火《ひ》にかける。

2 削《けず》りぶしを入《い》れる。沸騰《ふっとう》したら、火《ひ》を止《と》め、削《けず》りぶしが沈《しず》むまで待《ま》つ。あみじゃくしで削《けず》りぶしを取《と》り出《と》す。

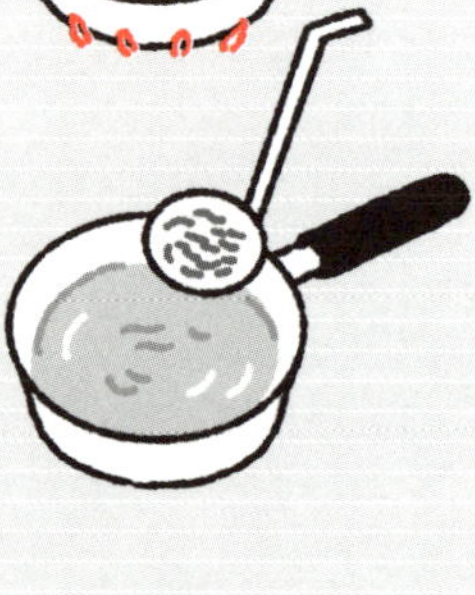

作《つく》り方《かた》

1 玉《たま》ねぎは皮《かわ》をむき、うすく切《き》る。大根《だいこん》は皮《かわ》をむき、うすいいちょう切《き》りにする。にんじんは皮《かわ》をむき、1cm 幅《はば》くらいのいちょう切《き》りにする。青《あお》ねぎは、小《ちい》さく小口《こぐち》切《ぎ》りにする。

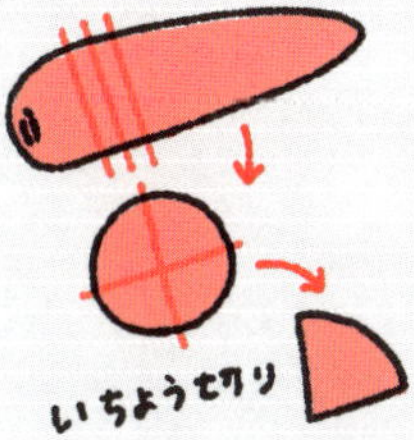

2 こんにゃくは塩《しお》ゆでしてあくをぬき、冷《さ》めたらスプーンで小《ちい》さくちぎる。

3 豚肉《ぶたにく》は、2cm 幅《はば》くらいの大《おお》きさに切《き》る。

4 鍋《なべ》にだし汁《じる》と青《あお》ねぎ以外《いがい》の具《ぐ》を入《い》れ、煮《に》る。（中火《ちゅうび》で15分《ふん》）

5 4の鍋《なべ》から、だし汁《じる》を少《すこ》し取《と》り出《だ》す。だしでみそをとき、鍋《なべ》に入《い》れる。青《あお》ねぎも入《い》れ、ふわっと温《あたた》める。

6 お椀《わん》に盛《も》りつけて、できあがり！

包丁《ほうちょう》とピーラーでつくる

肉《にく》じゃが

自《じ》立《りつ》
レシピ10

材料《ざいりょう》（4人分《にんぶん》）

じゃがいも …………………… 4個《こ》（約《やく》400ｇ）
牛《ぎゅう》ひき肉《にく》…………………… 200ｇ
玉《たま》ねぎ …………………… 中《ちゅう》1個《こ》（約《やく》200ｇ）
にんじん …………………… 1/2本《ぽん》（約《やく》80ｇ）
枝豆《えだまめ》（ゆで・さや付《つ》き）…… 80ｇ
だし汁《じる》（削《けず》りぶし、昆布《こんぶ》）… 1カップ
しょうゆ …………………… 大《おお》さじ3
砂糖《さとう》…………………… 大《おお》さじ2
酒《さけ》 …………………… 大《おお》さじ1

作《つく》り方《かた》

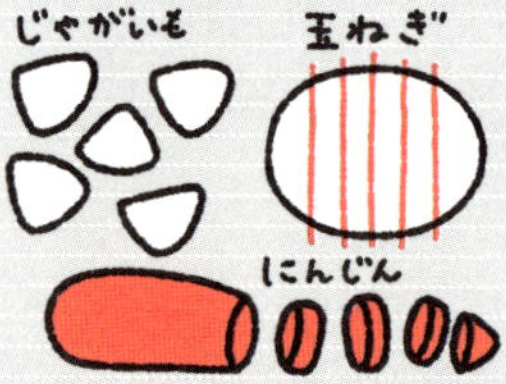

1 じゃがいもは皮《かわ》をむき、大《おお》きめのコロコロに切《き》る。

2 玉《たま》ねぎは皮《かわ》をむき、半分《はんぶん》に切《き》り平《たい》らな部分《ぶぶん》を下《した》にしてくし切《ぎ》り。

3 にんじんは皮《かわ》をむき、じゃがいもより小《ちい》さいコロコロに切《き》る。

4 鍋《なべ》に牛《ぎゅう》ひき肉《にく》、砂糖《さとう》を入《い》れてよく混《ま》ぜ、しょうゆ、酒《さけ》を入《い》れて肉《にく》をほぐし火《ひ》にかける。肉《にく》の色《いろ》が変《か》わったら、だし、じゃがいも、玉《たま》ねぎ、にんじんを入《い》れてさっと混《ま》ぜ、落《お》としブタ、きせブタをして野菜《やさい》が柔《やわ》らかくなるまで煮《に》る。

5 お皿《さら》に盛《も》りつけ、さやから出《だ》した枝豆《えだまめ》をちらしてできあがり。

献《こん》立《だて》を考《かんが》えてみよう！

いろいろ作《つく》れるようになったら、自分《じぶん》で献立《こんだて》を考《かんが》えてみましょう。どんな組《く》み合《あ》わせがいいかな？ ポイントは「バランス」だよ。

まずは「3つの栄養《えいよう》」を考《かんが》えます。

3つの栄養《えいよう》は、さらに「6つの栄養《えいよう》」、そしてさらに細《こま》かく分《わ》けられます。どんな食《た》べものに入《はい》っているかな？

大切《たいせつ》な3つの栄養《えいよう》

●体《からだ》を動《うご》かすもの（エネルギー源《げん》になる）

歩《ある》いたり走《はし》ったり、勉強《べんきょう》したりするときに必要《ひつよう》なのがこの食《た》べ物《もの》。エネルギーとも言《い》います。ごはん、パン、めん、そして甘《あま》いものがここに入《はい》ります。運動《うんどう》する人《ひと》はたくさん食《た》べてもよいもの。これから大《おお》きくなる人《ひと》にオススメなのは、ごはんです。ごはんは他《ほか》の食《た》べ物《もの》よりゆっくりと、長《なが》い時間《じかん》かけてエネルギーに変《か》わります。

体《からだ》を作《つく》るもの（血《ち》や肉《にく》を作《つく》る）

筋肉《きんにく》や骨《ほね》、血液《けつえき》などを作《つく》ってくれるのが、たんぱく質《しつ》やミネラル。魚《さかな》、肉《にく》、卵《たまご》、豆《まめ》、牛乳《ぎゅうにゅう》などにたくさん入《はい》っています。材料《ざいりょう》がなければ組《く》み立《た》てられませんから、この栄養《えいよう》が足《た》りないと、体《からだ》や脳《のう》が育《そだ》たなかったりします。

ただ、たくさん食《た》べたらいいというものでもなく、1回《かい》に、自分《じぶん》の手《て》のひら1枚分《まいぶん》ぐらいの量《りょう》がおすすめ。運動《うんどう》をたくさんする人《ひと》は、多少《たしょう》、多《おお》く食《た》べてもいいものです。

体《からだ》の調子《ちょうし》を整《ととの》えるもの

体《からだ》を動《うご》かしたり、勉強《べんきょう》をしたりするとき、良《よ》い感《かん》じに動《うご》けなければなりません。

その役目《やくめ》をするのが、野菜《やさい》や果物《くだもの》などのビタミンとミネラルです。これらは、ほんの少《すこ》しですが体《からだ》の中《なか》にないと困《こま》ります。また体《からだ》の外《そと》に、いらないものを出《だ》すときにも、野菜《やさい》などに入《はい》っている食物繊維《しょくもつせんい》が必要《ひつよう》です。

体《からだ》の調子《ちょうし》を整《ととの》える

体《からだ》をつくる

体《からだ》を動《うご》かす

水《みず》	ビタミン	無機質《むきしつ》 （ミネラル）	たんぱく質《しつ》	脂質《ししつ》	炭水《たんすい》化物《かぶつ》 糖質《とうしつ》	炭水《たんすい》化物《かぶつ》 食物《しょくもつ》繊維《せんい》
多《おお》く含《ふく》む代表的《だいひょうてき》な食品《しょくひん》						
食物《しょくもつ》全般《ぜんぱん》 飲料《いんりょう》	野菜《やさい》 果実《かじつ》 きのこ	牛乳《ぎゅうにゅう》 乳製品《にゅうせいひん》 海藻《かいそう》 魚介類《ぎょかいるい》	魚介類《ぎょかいるい》 肉類《にくるい》 卵《たまご》 牛乳《ぎゅうにゅう》 豆類《まめるい》	魚介類《ぎょかいるい》 肉類《にくるい》 食用油脂《しょくようゆし》	穀類《こくるい》 いも類《るい》 砂糖《さとう》	穀類《こくるい》 いも類《るい》 豆類《まめるい》 野菜《やさい》 果実《かじつ》 きのこ 海藻《かいそう》
その他《た》の食品例《しょくひんれい》						
	肉類《にくるい》 魚介類《ぎょかいるい》 玄米《げんまい》 豆類《まめるい》 卵《たまご》	肉類《にくるい》 魚介類《ぎょかいるい》 米《こめ》	米《こめ》 小麦《こむぎ》	大豆《だいず》 卵《たまご》 牛乳《ぎゅうにゅう》 種実類《しゅじつるい》	果実《かじつ》 牛乳《ぎゅうにゅう》	

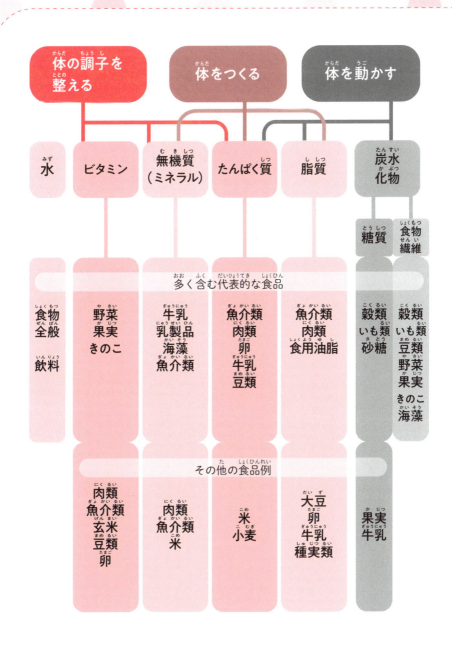

迷《まよ》ったら、「6種類《しゅるい》のバランス」のおまじない

昔《むかし》の人《ひと》たちも食《た》べ物《もの》と健康《けんこう》には関係《かんけい》があることは知《し》っていましたが、栄養《えいよう》という考《かんが》え方《かた》が出《で》てきたのは200年《ねん》ぐらい前《まえ》で、比較的《ひかくてき》新《あたら》しい考《かんが》え方《かた》です。どの食《た》べ物《もの》にどの栄養《えいよう》があったかしら、と考《かんが》えるのは大人《おとな》でも大変《たいへん》なこと。そこで、昭和《しょうわ》の初《はじ》めごろに「魚《うお》1、豆《まめ》1、野菜《やさい》が4」という標語《ひょうご》ができました（出典《しゅってん》　香川綾《かがわあや》によるスローガン1938年《ねん》　栄養《えいよう》と料理学園《りょうりがくえん》（現《げん》・女子栄養大学《じょしえいようだいがく》））。そこに新《あたら》しく4つの要素《ようそ》を加《くわ》えて、「うお1、まめ1、やさいが4、おまけが4つあればいい」という言葉《ことば》ができました。

この10個《こ》の箱《はこ》の材料《ざいりょう》を全部《ぜんぶ》埋《う》めると、バランスが良《よ》くなるように考《かんが》えられています。「うお」①は魚《さかな》・肉《にく》・卵《たまご》で、体《からだ》を作《つく》るたんぱく質《しつ》になるもの。「まめ」②は大豆《だいず》、豆腐《とうふ》、納豆《なっとう》など。「やさい」③〜⑥は色《いろ》のこい野菜《やさい》（緑黄色野菜《りょくおうしょくやさい》）、土《つち》の中《なか》の野菜《やさい》、いもはじゃがいもなど、そして海《かい》そう。おまけの4つ⑦〜⑩は、色《いろ》のうすい野菜《やさい》、ごはん・パン・めん、牛乳《ぎゅうにゅう》、果物《くだもの》の4つです。

1回《かい》の食事《しょくじ》で埋《う》められなくても、1日《にち》の食事《しょくじ》で見《み》るといいですね。

①魚《うお》

鶏《とり》・豚《ぶた》・卵《たまご》・魚《さかな》などの動物性《どうぶつせい》
たんぱく質《しつ》を含《ふく》む食材《しょくざい》

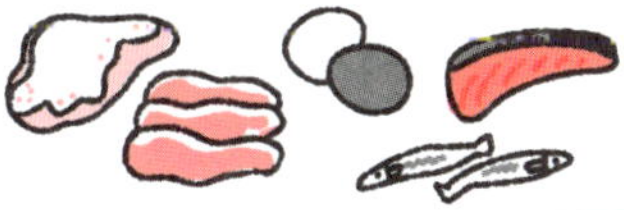

②豆《まめ》

大豆《だいず》と大豆《だいず》からできた豆腐《とうふ》・
油揚《あぶらあ》げなどの植物性《しょくぶつせい》たんぱく質《しつ》

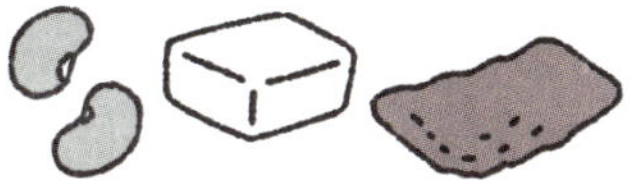

③野菜《やさい》（1）（緑黄色野菜《りょくおうしょくやさい》）

にんじん・ほうれんそうなど
色《いろ》のこい野菜《やさい》

④野菜《やさい》（2）（根菜《こんさい》）

ごぼう・れんこん・大根《だいこん》など

⑤野菜《やさい》（3）（いも類《るい》）

さつまいも・じゃがいも・さといもなど

⑥野菜《やさい》（4）（海藻類《かいそうるい》）

こんぶ・ひじきなど海《うみ》でとれる野菜《やさい》

⑦野菜《やさい》おまけ（淡色野菜《たんしょくやさい》）

キャベツ・レタス・きゅうりなど
色《いろ》のうすい野菜《やさい》

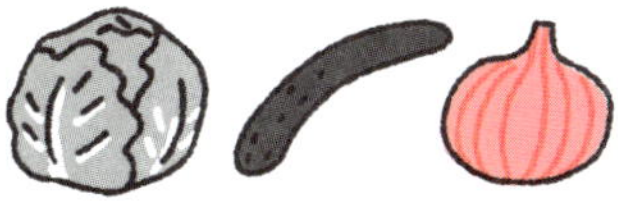

⑧でんぷん質《しつ》（体《からだ》をうごかすもの）

ごはん・パン・パスタ・めん・パンなど

⑨乳製品《にゅうせいひん》

チーズ・牛乳《ぎゅうにゅう》・ヨーグルトなど
牛乳《ぎゅうにゅう》でできたもの

⑩旬《しゅん》の果物《くだもの》

りんご・みかん・いちごなど

バランスのよい食事《しょくじ》は「1日《にち》」または「1週間《しゅうかん》」で考えよう

左《ひだり》のイラストはある日《ひ》の朝《あさ》ごはんです。白《しろ》いごはん、豆腐《とうふ》とわかめのみそ汁《しる》、焼《や》き鮭《さけ》、卵焼《たまごや》き、ひじきです。この朝《あさ》ごはんをもっとバランスよくするには、どうしたらいいでしょうか。

前《まえ》のページの表《ひょう》にあわせて考《かんが》えてみましょう。「魚《うお》1」「豆《まめ》1」「野菜《やさい》が4」「おまけが4」で考《かんが》えると、足《た》りないものは何《なに》かな？

大切《たいせつ》なのは、1回《かい》の食事《しょくじ》を見《み》たときに、バランスがざっくりとわかることです。朝《あさ》ごはんに足《た》りなかったものを、昼《ひる》ごはんか夕《ゆう》ごはんで食《た》べましょう。

または、昨日《きのう》は肉《にく》ばかりだったから、今日《きょう》は野菜《やさい》をもう少《すこ》し食《た》べようかな、という工夫《くふう》でもＯＫです。1日《にち》の中《なか》でバランスがよくならなくても1週間《しゅうかん》の中《なか》で、だいたいおさまっていれば大丈夫《だいじょうぶ》。

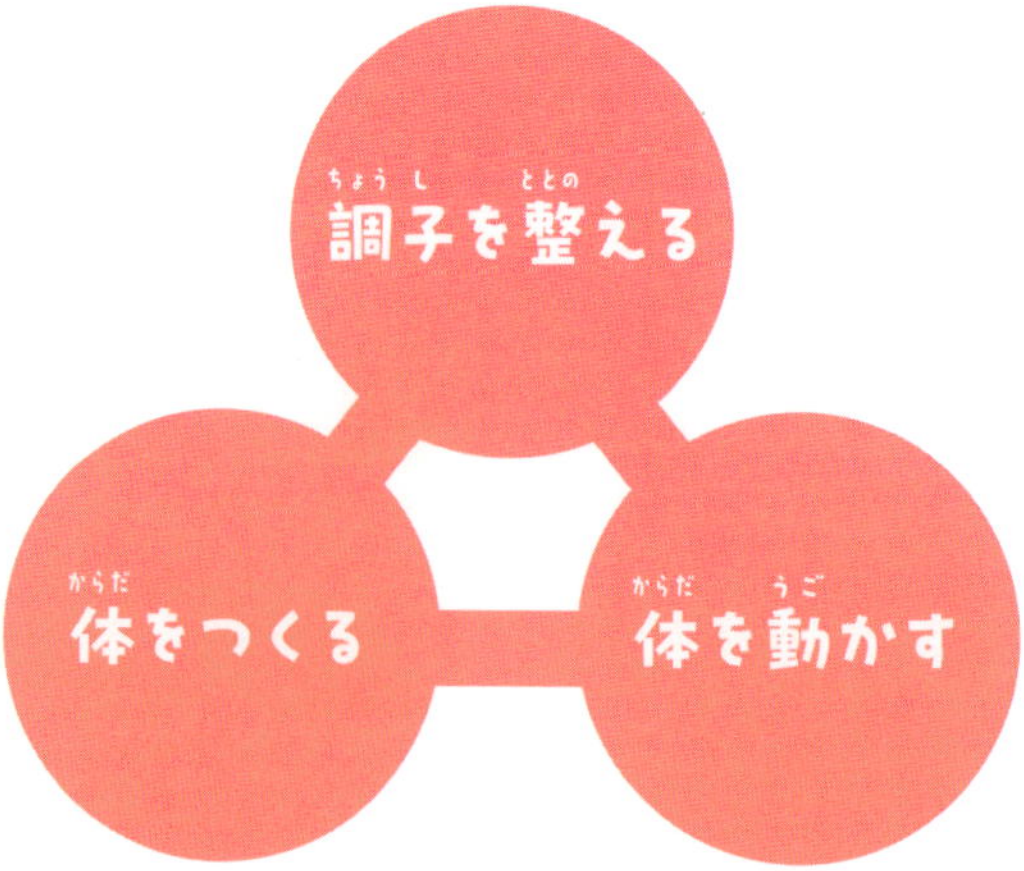

足《た》りないのはどれかな!? 何《なに》を足《た》せばいいかな!?

なんとなく野菜《やさい》が少《すく》なそうだから、
ミニトマトやきゅうりのサラダが
あるといいんじゃない？

和食《わしょく》だから、
どうせきゅうりを食《た》べるなら、
きゅうりの漬物《つけもの》とか？

果物《くだもの》がないよね？
デザートっぽいものがほしいなー！
たとえば、みかん1個《こ》とか？
りんごのジュース、
フルーツヨーグルトもいいかも？

パズルのように考《かんが》えよう

食《しょく》事《じ》のバランスは、

パズルのように考《かんが》えよう

食《た》べ合《あ》わせの例《れい》3

ツナおにぎり　わかめ味噌汁《みそしる》

ゆで卵《たまご》

野菜《やさい》サラダ

外食《がいしょく》やお弁当《べんとう》も、

食《た》べ合《あ》わせの例《れい》1

チキンナゲット

フライドポテト

野菜《やさい》サラダ

食《た》べ合《あ》わせの例《れい》2

白《しろ》いごはん

ウインナー

卵《たまご》焼《や》き

ゆで
ブロッコリー

りんご

ごはんには「基本《きほん》のかたち」があるよ

ごはんを真《ま》ん中《なか》に、肉《にく》や魚《さかな》、野菜《やさい》、乾物《かんぶつ》などの汁物《しるもの》とおかずをそろえます。これは米《こめ》を食《た》べる地域《ちいき》の特徴《とくちょう》です（中国《ちゅうごく》、韓国《かんこく》などもそう）。日本《にほん》では2000年《ねん》も前《まえ》から、「ごはん＋汁物《しるもの》＋おかず」の食事《しょくじ》のかたちがありました。

和食の基本は「一汁三《いちじゅうさん》菜《さい》」。一汁三菜《いちじゅうさんさい》の三菜《さんさい》（おかず）は、主菜《しゅさい》（魚《さかな》や肉《にく》など）大《おお》きなおかずが1、副菜《ふくさい》（野菜《やさい》）が2ということ。バランスよく栄養《えいよう》が取《と》れる組《く》み合《あ》わせです。ならべ方《かた》は、下《した》のイラストのようにするのが「基本《きほん》のかたち」です。

一汁三菜《いちじゅうさんさい》の配膳《はいぜん》：
ごはん、汁物《しるもの》、おかず３品《ぴん》

お箸《はし》は一番《いちばん》手前《てまえ》に、先《さき》を左《ひだり》にそろえて置《お》く。
箸置《はしお》きがあると置《お》きやすい。

ごはんを中心《ちゅうしん》とした日本《にほん》の食事《しょくじ》では、ごはんとおかずを交互《こうご》に口《くち》に入《い》れて、おつゆも飲《の》み、口《くち》の中《なか》で味《あじ》を整《ととの》える食《た》べ方《かた》ができます。こうすることで、いろんな味《あじ》をおいしく食《た》べることができます。

この配膳《はいぜん》の基本《きほん》は、学校給食《がっこうきゅうしょく》にも取《と》り入《い》れられています。学校給食《がっこうきゅうしょく》の場合《ばあい》は、ごはんがパンもしくは麺類《めんるい》のときもありますが、「基本《きほん》のかたち」は同《おな》じです。

一皿料理《ひとさらりょうり》（例《れい》：カレーライス）の配膳《はいぜん》

大皿《おおざら》で食《た》べるカレーライスやスパゲティのときは、配膳《はいぜん》も少《すこ》し変《か》わります。
フォークやスプーンはお箸《はし》と違《ちが》い、縦《たて》に置《お》きます。

米作《こめづく》りは約《やく》6000年《ねん》前《まえ》から

日本《にほん》の伝統的《でんとうてき》な食文化《しょくぶんか》、和食《わしょく》はユネスコの無形文化遺産《むけいぶんかいさん》にも登録《とうろく》されています。お米《こめ》（＝ごはん）を主食《しゅしょく》にした和食《わしょく》にはどんな歴史《れきし》があるのでしょうか。

日本《にほん》に稲作《いなさく》が伝《つた》わったのは、約《やく》6000年《ねん》前《まえ》。朝鮮半島南部《ちょうせんはんとうなんぶ》や中国《ちゅうごく》の江南地方《こうなんちほう》あたりから伝《つた》わったと言《い》われています。

お米《こめ》は春《はる》に田植《たう》えをし、夏《なつ》の間育《あいだそだ》てて秋《あき》に稲刈《いねか》りをします。稲《いね》から「もみ」をとり、もみを乾《かわ》かして殻《から》を取《と》って「お米《こめ》」にします。そのままだと玄米《げんまい》。これを精米《せいまい》すると白米《はくまい》になります。

ごはんを中心《ちゅうしん》にした食事《しょくじ》

〈庶民《しょみん》の食事《しょくじ》〉一汁一菜《いちじゅういっさい》

飛鳥《あすか》、奈良時代《ならじだい》には、庶民《しょみん》は一汁《いちじゅう》一菜《いっさい》が基本《きほん》。

〈貴族《きぞく》の食事《しょくじ》〉

平安時代《へいあんじだい》になると、貴族《きぞく》の食事《しょくじ》は、ごはんを中心《ちゅうしん》に、少《すこ》しずついろんなおかずが並《なら》んでいました。貴族《きぞく》などの食事《しょくじ》から一汁三菜《いちじゅうさんさい》が基本《きほん》になりました。

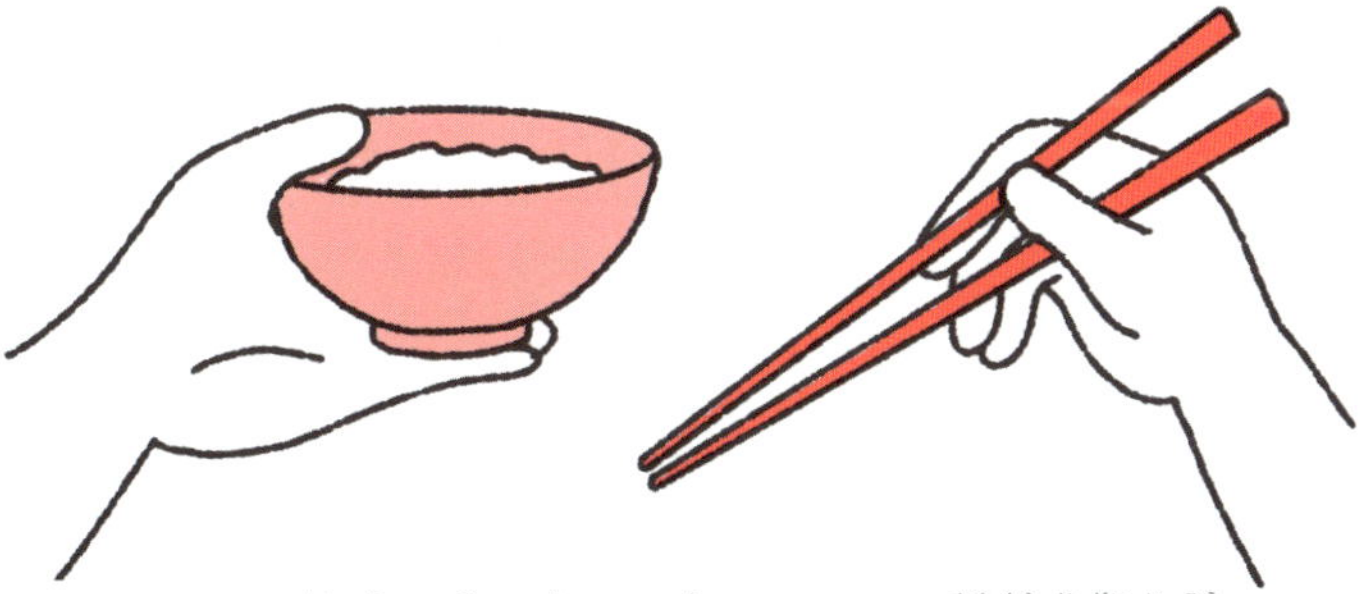

ちなみに、食器《しょっき》を手《て》に持《も》って食《た》べるのは、鎌倉時代以降《かまくらじだいいこう》の作法《さほう》です。お膳《ぜん》や折敷《おしき》に並《なら》べた食器《しょっき》だと、料理《りょうり》と口《くち》までの距離《きょり》があるため、自然《しぜん》と食器《しょっき》を持《も》って食《た》べる習慣《しゅうかん》ができたようです。
お箸《はし》を使《つか》う文化《ぶんか》でも、器《うつわ》を持《も》って食《た》べるのは日本《にほん》だけ。

ご当地《とうち》おにぎりマップ

全国《ぜんこく》にはじつにさまざまなおにぎりがあります。地元《じもと》の食材《しょくざい》を使《つか》ったもの、地域《ちいき》の行事《ぎょうじ》に合わせたもの、町《まち》おこしや村《むら》おこしなどの目的《もくてき》で新《あたら》しく作《つく》られたものなど、具材《ぐざい》も見《み》た目《め》もさまざまです。どんなおにぎりが好《す》きですか？

自分《じぶん》だけのオリジナルおにぎり作《づく》りにも、ぜひチャレンジしてみよう！

富山県《とやまけん》 とろろ昆布《こんぶ》のおにぎり

昆布《こんぶ》は、じつは北海道《ほっかいどう》でしかとれませんでした。日本《にほん》のいろんな場《ば》所《しょ》に届《とど》けたのが、北前船《きたまえぶね》。富山《とやま》はその船《ふね》がとまるところで、昆布《こんぶ》をたくさん食《た》べます。おにぎりにも！おにぎりに昆布《こんぶ》を巻《ま》く食《た》べ方《かた》も長《なが》く親《した》しまれています。

北海道《ほっかいどう》 鮭山漬《さけやまづ》けおにぎり

鮭《さけ》が豊富《ほうふ》にとれる北海道《ほっかいどう》ならでは、特別《とくべつ》な日《ひ》やおもてなし用《よう》にもなる見《み》た目《め》も美《うつく》しいおにぎりです。鮭山漬《さけやまづ》けは、内臓《ないぞう》をとった鮭《さけ》に塩《しお》をすりこんで数日漬《すうじつつ》け込《こ》んだ保存食《ほぞんしょく》。ごはんに混《ま》ぜれば、鮭《さけ》の旨味《うまみ》をまるごと味《あじ》わえます。いくらのトッピングはたっぷりのせるとぜいたくな印象《いんしょう》に。

山形県《やまがたけん》 みそ焼《や》きおにぎり

寒《さむ》い地方《ちほう》ではおにぎりが凍《こお》ってしまうため、焼《や》きおにぎりが広《ひろ》く食《た》べられるようになりました。表面《ひょうめん》にみそをぬって焼《や》き上《あ》げれば、凍《こお》ったおにぎりもできたてのようになります。青《あお》じそをのせて風味《ふうみ》をつけてもおいしいです。

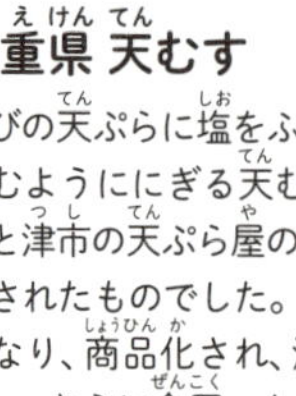

三重県《みえけん》 天《てん》むす

えびの天《てん》ぷらに塩《しお》をふりごはんで包《つつ》むようににぎる天《てん》むすは、もともと津市《つし》の天《てん》ぷら屋《や》のまかないで出《だ》されたものでした。それが評判《ひょうばん》となり、商品化《しょうひんか》され、津《つ》から名古《なご》屋《や》へ、さらに全国《ぜんこく》へとそのおいしさが伝《つた》わっていきました。

千葉県《ちばけん》 しょうゆめしおにぎり

かつお節《ぶし》としょうゆの生産《せいさん》がさかんな千葉《ちば》らしいおにぎり。太平《たいへい》洋《よう》に面《めん》しているため千葉県《ちばけん》は古《ふる》くからかつお節《ぶし》の生産《せいさん》が行《おこな》われていました。また、県内《けんない》にはしょうゆの大手《おおて》メーカーがあります。ごはんに、しょうゆ、けずり節《ぶし》、白《しろ》ごまをまぶしただけのシンプルなおにぎりは、いろんなおかずとの相性《あいしょう》もばつぐん。

いろんな型《かた》があるよ

俵型《たわらがた》

円盤型《えんばんがた》

丸型《まるがた》

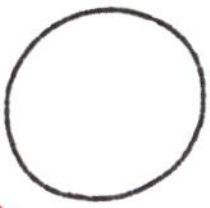

三角型《さんかくがた》

福岡県《ふくおかけん》 かしわおにぎり

「かしわ」とは、鶏肉《とりにく》の別称《べっしょう》。鶏《とり》の炊《た》き込《こ》みごはん「かしわめし」をおにぎりに使《つか》います。ごぼう、にんじん、こんにゃくなどを煮《に》た筑前《ちくぜん》煮《に》(北九州《きたきゅうしゅう》では「がめ煮《に》」と呼《よ》ばれる)と同《おな》じ具材《ぐざい》を入《い》れて炊《た》き上《あ》げたのが、かしわめし。

沖縄県《おきなわけん》 ポーク玉子《たまご》おにぎり

甘《あま》めの油《あぶら》みそ「アンダンスー」を、卵焼《たまごや》きとポークランチョンミートにのせて巻《ま》いたもの。アンダンスーは、豚肉《ぶたにく》の脂身《あぶらみ》を黒糖《こくとう》やみりんで味《あじ》つけしたもので、沖縄《おきなわ》では、ごはんにのせたり野菜炒《やさいいた》めに合《あ》わせたりして使《つか》います。

山口県《やまぐちけん》 わかめおにぎり

わかめの生産地《せいさんち》として有名《ゆうめい》な山口《やまぐち》県《けん》の日本海側《にほんかいがわ》では、わかめがふだんの食事《しょくじ》に根《ね》ざしています。天日《てんぴ》で干《ほ》して乾燥《かんそう》させ、細《こま》かくくだいたきざみわかめは、おにぎりにもよく使《つか》われます。きざみわかめはごはんに混《ま》ぜ込《こ》むのではなく、にぎってからごはんにまぶしてなじませるのがご当地流《とうちりゅう》の作《つく》り方《かた》です。

大阪府《おおさかふ》 塩昆布《しおこんぶ》おにぎり

富山同様《とやまどうよう》、北前船《きたまえぶね》の目的地《もくてきち》だった大阪《おおさか》も、昆布《こんぶ》の一大消費地《いちだいしょうひち》。塩昆《しおこん》布《ぶ》や昆布《こんぶ》の佃煮《つくだに》は食卓《しょくたく》に欠《か》かせないおかずで、おにぎりにも刻《きざ》み昆《こん》布《ぶ》がよく使《つか》われています。俵型《たわらがた》の形《かたち》、味付《あじつ》けのりを巻《ま》くのも大阪《おおさか》らしさです。

愛媛県《えひめけん》 鯛《たい》めしおにぎり

鯛《たい》の水揚《みずあ》げ量《りょう》が日本一《にほんいち》の愛媛県《えひめけん》では、鯛《たい》の旨味《うまみ》をごはんに浸透《しんとう》させた鯛《たい》めしをおにぎりにします。鯛《たい》めしには小《こ》ぶりの鯛《たい》を使《つか》うことが多《おお》いのですが、小骨《こぼね》も少《すく》なめでほぐすのも簡単《かんたん》。三《み》つ葉《ば》をたっぷり混《ま》ぜて握《にぎ》ります。

ごはんがおいしくなるコラム

3

料理《りょうり》の腕《うで》より大切《たいせつ》な「やる気《き》」と「決《き》める力《ちから》」

　安全《あんぜん》に料理《りょうり》するために必要《ひつよう》なものはなんでしょうか？　たいていの人《ひと》は、道具《どうぐ》や材料《ざいりょう》を挙《あ》げます。でも、本当《ほんとう》に必要《ひつよう》なものは、料理《りょうり》をする人《ひと》の「やる気《き》」です。

　もしも途中《とちゅう》でどうしても、どうしても（がんばっても）やる気《き》がなくなってしまったら、「お願《ねが》いします！」を言《い》って大人《おとな》に代《か》わってもらってください（大人《おとな》は、よそ見《み》をしないように、テレビなどは目《め》に入《はい》らないようにします。遊《あそ》びだしたら「危《あぶ》ないよ」の声《こえ》がけを。二、三回《かい》促《うなが》してみて、どうしてもダメそうなら作業《さぎょう》を引《ひ》き取《と》ってあげてください）。

　そして、もうひとつ。ごはんを作《つく》るときに大事《だいじ》なのは、「決《き》める力《ちから》」です。

「え、味付《あじつ》けじゃないの？」

「料理《りょうり》の腕前《うでまえ》が、大事《だいじ》じゃないの？」

と思《おも》う人《ひと》もいるでしょう。

　食材《しょくざい》を「買《か》う」だけでも、さまざまな知識《ちしき》が必要《ひつよう》で、その知識《ちしき》で「どうするか」を「決《き》める」からこそ、買《か》い物《もの》ができるのです。

料理《りょうり》は作《つく》る前《まえ》から、「自分次第《じぶんしだい》」で決《き》まっていく（決《き》めていく）ことが実《じつ》にたくさんあります。

「自分《じぶん》で決《き》める」のは知識《ちしき》も頭《あたま》も使《つか》うから、わりと大変《たいへん》なことです。

それでも、自分《じぶん》で決《き》めて、行動《こうどう》して、その結果《けっか》が成果《せいか》として見《み》えたら――料理《りょうり》の場合《ばあい》は、できあがったごはんですね――それはとてもやりがいがあります。

たとえ、ちょっと味《あじ》が残念《ざんねん》だったとしても、自分《じぶん》で考《かんが》えて、材料《ざいりょう》も買《か》ってきて、作《つく》ったごはんなら、「自分《じぶん》だけの味《あじ》」にたどりつくでしょう！

自分《じぶん》を心地《ここち》よくさせる食《た》べ物《もの》のことを「コンフォートフード（comfort food）」と言《い》います。安心《あんしん》できる味《あじ》、とも言《い》えます。自分《じぶん》が満足《まんぞく》できるごはんは、自分《じぶん》を満《み》たすことができる、自分《じぶん》だけの食《た》べ物《もの》です。

中学生《ちゅうがくせい》、高校生《こうこうせい》、大学生《だいがくせい》、社会人《しゃかいじん》……大《おお》きくなればなるほど、「あなたはどう思《おも》う？」「あなたは何《なに》を選《えら》ぶ？」と聞《き》かれる場面《ばめん》も増《ふ》えていきます。ですから、「自分《じぶん》の頭《あたま》で考《かんが》えて決《き》めること」は、料理《りょうり》だけでなく、学習《がくしゅう》や生活《せいかつ》の中《なか》で持《も》っておきたい力《ちから》です。

ぜひ、「自分《じぶん》で考《かんが》える」ことを、投《な》げ出《だ》さないでください。そして、大人《おとな》になるまでまだまだ時間《じかん》はたっぷりあるのですから、自分《じぶん》だけのコンフォートフードを、少《すこ》しずつ探《さが》していってくださいね。

僕《ぼく》の大《だい》好《す》きな梅《うめ》干《ぼ》しおにぎり！
…と、何《なに》をセットにしたらいいかな？
ミネラルや食《しょく》物《もつ》繊《せん》維《い》がとれる！
体《からだ》の調子《ちょうし》を調《ととの》える野菜《やさい》や果物《くだもの》がとれる！
からだをつくるたんぱく質《しつ》がとれる！
いただきまーす!!

PART 5

おいしく「食《た》べる」ってどういうこと？

好《す》き嫌《きら》いにもワケがある

楽《たの》しい食事《しょくじ》って？　おいしい食事《しょくじ》って？
みんなで一緒《いっしょ》に食《た》べるときのマナーはできているかな？
どうやったら、食卓《しょくたく》が楽《たの》しく、おいしくなるのか、考《かんが》えましょう。

いただきま——す！
ねえねえ、さっきからお肉《にく》ばっかり取《と》らないでよ〜
白《はく》菜《さい》、いや。にんじんも、いや
え〜野《や》菜《さい》全《ぜん》部《ぶ》じゃん！
はいはい、トマトの卵《たまご》炒《いた》めできたよ
わーい
私《わたし》これ好《す》き！

ねえ　これ
おいしいから
食《た》べてごらんよ
野菜《やさい》は
いやっ！
ちょっとだけ
食《た》べてごらんよ〜
ホラホラ
むぅ〜〜
パク！
おっ
ひとくち
たべた！
…あれ？
思《おも》ったより
おいしいかも
よかったね
うん！
でも今日《きょう》は
もうやめておく

なぜ、好《す》き嫌《きら》いがあるの？ その5つの理由《りゆう》

家《いえ》のごはんも学校《がっこう》の給食《きゅうしょく》も、「残《のこ》さず食《た》べようね」と言《い》われます。でも、嫌《きら》いな食《た》べ物《もの》を食《た》べきるのって、難《むずか》しいですよね。

全部《ぜんぶ》が大好《だいす》きな食材《しょくざい》だったら、食《た》べ残《のこ》しなんてなくなるはずですが、なぜ私《わたし》たちには「好《す》き嫌《きら》い」があるのでしょうか？

1 食《た》べ慣《な》れないから

たとえば、今《いま》まで食《た》べたことがなかったものを突然《とつぜん》「どうぞ！」と出《だ》されたら、どうでしょうか？「そんなもの、食《た》べられない！」ということもありますよね（よく他《ほか》の人《ひと》にあんまり…と言《い》われる私《わたし》の好物《こうぶつ》は、タケツトガの幼虫《ようちゅう》、ハルセミ、トリのあし、魚《さかな》のアタマ）。新《あたら》しいもの、よくわからないものは、誰《だれ》だってこわいと感《かん》じるもの。

アメリカの心理学者《しんりがくしゃ》の研究《けんきゅう》によると、はじめて食《た》べる食《た》べ物《もの》も10～20回以上、口《くち》に入《い》れることで、はじめて「慣《な》れた」という手応《てごた》えを感《かん》じ、こわくなくなるそうです。

〈ひとくち大作戦《だいさくせん》〉をやってみよう！

食《た》べ慣《な》れないものに慣《な》れるには、何度《なんど》も食《た》べてみるしかありません。
そこで、苦手《にがて》な食《た》べ物《もの》が出《で》てきたら、
この〈ひとくち大作戦《だいさくせん》〉をぜひ、試《ため》してみてください。

❶自分《じぶん》の食《た》べる分《ぶん》は、
自分《じぶん》で取《と》る
（嫌《きら》いな食《た》べ物《もの》も1つは入《い》れる）

❷嫌《きら》いな食《た》べ物《もの》を、
一度《いちど》は口《くち》の中《なか》に入《い》れてみる

❸もしかめそうなら、
かんでみる
（ダメだったら、ここで出《だ》す）

❹もしかんでみて大丈夫《だいじょうぶ》そうなら、
飲《の》み込《こ》んでみる
（ここでおわる！ムリしない）

**やっぱり嫌《きら》いかもしれないし、
好《す》きになるかもしれません。気長《きなが》にやってね。**

保護者の方へ
まったく食べないと、苦手なものに慣れることができません。まずは一口でいいから、口に入れる。ここから始めてみましょう。「食わず嫌いはダメ！」ですが、食べてみてやっぱり嫌いなら、それは「今日は、いっか」と受け止めましょう。

2 調理法《ちょうりほう》と味《あじ》つけが合《あ》わない

「塩《しお》ラーメンならいいけれど、みそラーメンは苦手《にがて》」

「唐揚《からあ》げは好《す》きだけど、蒸《む》し鶏《どり》はいや」

「そのままのリンゴはいいけれど、焼《や》きリンゴやアップルパイは苦手《にがて》」

調理法《ちょうりほう》や味《あじ》つけによって、食《た》べ物《もの》の印象《いんしょう》は変《か》わります。

これも、いろんな調理法《ちょうりほう》や味《あじ》つけを試《ため》してみないとわからないことです。あんまり好《す》きではないなぁと思《おも》うときは、味《あじ》つけや調理《ちょうり》を変《か》えてみましょう。ミニトマトは苦手《にがて》だけど、ケチャップなら好《す》きかもしれません。

3 プレッシャーを感《かん》じてしまう

ごはんを作《つく》ってくれる人《ひと》は、残《のこ》さず食《た》べてほしいと思《おも》

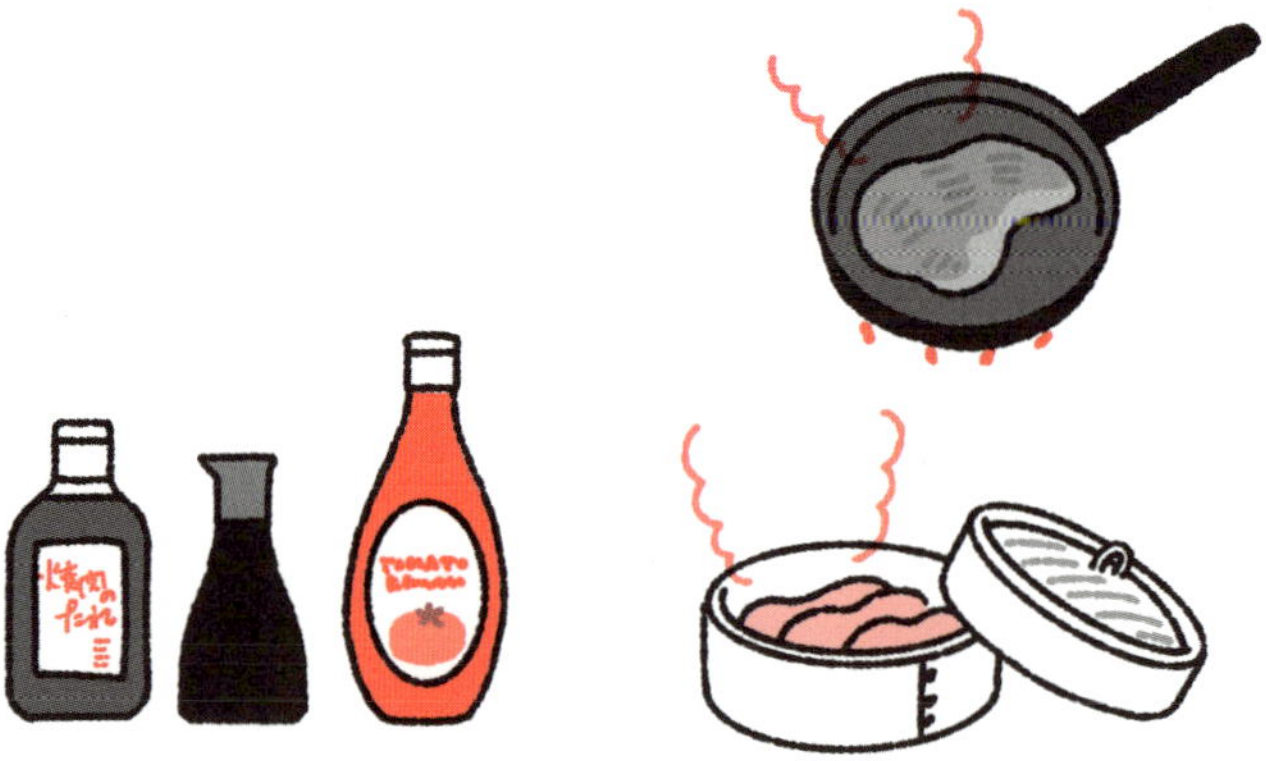

っています。

だからこそ、

「せっかく作《つく》ったんだから、全《ぜん》部《ぶ》食《た》べなさい」

「野《や》菜《さい》が足《た》りないよ」

などと言《い》うんですよね。

でも、「食《た》べなさい」のひとことが、食《た》べる側《がわ》にはプレッシャーになってしまうこともあります。「食《た》べなさい」と言《い》われた子《こ》どもほど食《た》べなくなるという研《けん》究《きゅう》結《けっ》果《か》があるくらいなのです！

4 アレルギーの傾《けい》向《こう》がある

口《くち》に入《い》れると気《き》持《も》ち悪《わる》かったり、のどがイガイガしてしまう食《た》べ物《もの》があります。

たとえば、バナナ、パイナップル、メロン、キウイフルーツなど。それは、もしかしたらアレルギー反《はん》応《のう》かもし

れません。

食《た》べて気持《きも》ち悪《わる》いときは、しばらく食《た》べるのをやめよう。大人《おとな》にも教《おし》えてね。

5 遺伝子《いでんし》レベルで味《あじ》や食感《しょっかん》の感《かん》じ方《かた》が異《こと》なる

パクチー（またはコリアンダー）というハーブは、人《ひと》によっては石《せっ》けんの味《あじ》がして食《た》べられないことがあります。これは好《す》き嫌《きら》いの中《なか》でも「遺伝子《いでんし》で決《き》まっていること」です。慣《な》れれば食《た》べられるかもしれませんが、体質的《たいしつてき》に「食《た》べられない」「苦手《にがて》」ということもあるのです。

このように、「好《す》き嫌《きら》い」にはいろんな理由《りゆう》があります。本能的《ほんのうてき》に、「これは食《た》べたら危険《きけん》」「なんか、食《た》べたくない」という直感《ちょっかん》が働《はたら》くこともあります。これが命《いのち》を守《まも》ること

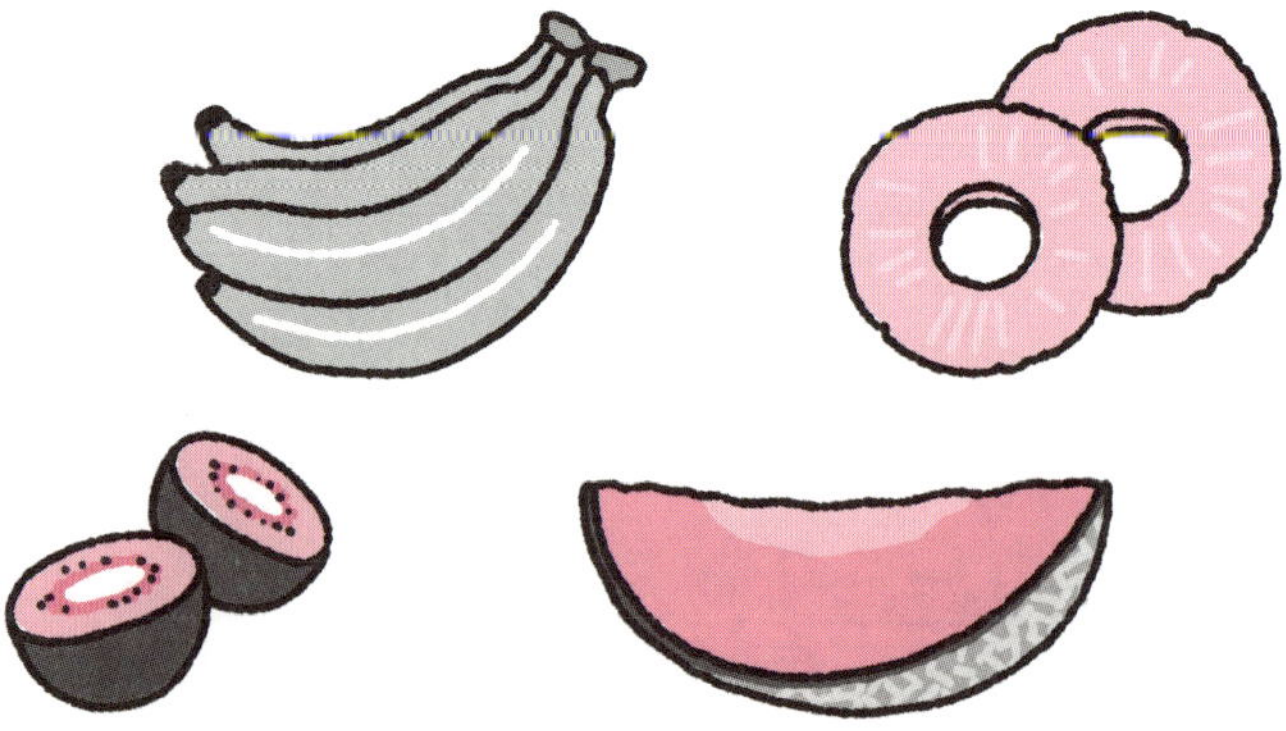

もあります。

おもちゃ、遊《あそ》び、色《いろ》、アニメ、国語《こくご》や体育《たいいく》だって、好《す》き嫌《きら》いがあるよね。でも、「好《す》き」「嫌《きら》い」があるからこそ、「これがほしい」「これにしたい」と選《えら》べるのです。

食《た》べ物《もの》も同《おな》じで、「好《す》き嫌《きら》い」や「自分《じぶん》の好《この》み」があるからこそ、食《た》べたいもの、自分《じぶん》のごはんを選《えら》べます。

だから、好《す》き嫌《きら》いがあるのは決《けっ》して悪《わる》いことではないんです。

ただ、アレルギーや体調《たいちょう》や病気《びょうき》などの理由《りゆう》でないならいろんなものを食《た》べられる人《ひと》のほうが気楽《きらく》です。好《す》き嫌《きら》いがあるのは自然《しぜん》なことだけれど、できるかぎり食《た》べられないものは減《へ》らせると、よいですね。

食《た》べられなかったもの、どうする？

「口《くち》に合《あ》わなかったから」「体質《たいしつ》に合《あ》わなかったから」と……食《た》べ残《のこ》したらどうするかな？　そのままゴミ箱《ばこ》へ捨《す》ててもいいのでしょうか？

簡単《かんたん》に捨《す》ててしまわずに、自分《じぶん》が食《た》べられないものがあったときの解決方法《かいけつほうほう》を考《かんが》えてみましょう。

ゴミ箱《ばこ》に捨《す》てる前《まえ》にできることが必《かなら》ずあるはずですよ！

ちょっと！
すてないでよ！

これ にがてなんだよナァ…
じゃあどうする？

食《た》べ残《のこ》しを捨《す》てる前《まえ》にできること

ガマンして食《た》べきる
（アレルギーの人《ひと》はやったらダメだよ）

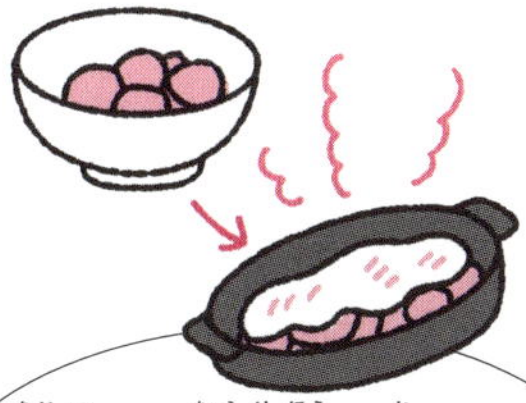

味《あじ》付《つ》けや調《ちょう》理《り》法《ほう》を変《か》えて
作《つく》り直《なお》す
（チーズをかけてグラタン風《ふう》にする、ドレッシングをかけるなど）

食《た》べたい人《ひと》にゆずる
（口《くち》をつけないでおこう）

食《た》べ始《はじ》める前《まえ》に
「残《のこ》したくないから、
少《すく》なくていい」と減《へ》らす

家族《かぞく》の誰《だれ》かに食《た》べてもらう

食《た》べ始《はじ》める前《まえ》に
「苦手《にがて》だから食《た》べたくない」と伝《つた》えておく。
「ごめんね。苦手《にがて》だから
ひと口《くち》だけにしてもいいかな？」と言《い》う
（ひと口《くち》は食《た》べるよ！）

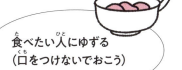

食《しょく》料《りょう》自《じ》給《きゅう》率《りつ》を考《かんが》えてみよう

日本《にほん》では、近所《きんじょ》のコンビニやスーパーでいろいろな食品《しょくひん》が手《て》に入《はい》り、日本食《にほんしょく》だけではなく世界各国《せかいかっこく》の料理《りょうり》が食《た》べられます。

でも、日本《にほん》の食《た》べ物《もの》のほとんどは、外国《がいこく》から来《き》ています。図《ず》1を見《み》ると、日本《にほん》の〝食料自給率《しょくりょうじきゅうりつ》〟が他《ほか》の国《くに》と比《くら》べてとても低《ひく》いことがわかります。

食料自給率《しょくりょうじきゅうりつ》というのは「その国《くに》でつくることができる食《た》べ物《もの》」の割合《わりあい》です。日本《にほん》の食料自給率《しょくりょうじきゅうりつ》は約《やく》40パーセントですから、約《やく》60パーセントは外《そと》から来《き》た食《た》べ物《もの》なんです。フランス、アメリカ、オーストラリアは100パーセントを超《こ》えています。

たとえば、パンやラーメン、お菓子《かし》の材料《ざいりょう》の小麦《こむぎ》。小麦《こむぎ》

は、雨《あめ》があまり降《ふ》らなくて作物《さくもつ》がとれなくなり、2022年《ねん》に始《はじ》まった戦争《せんそう》で、外国《がいこく》から買《か》えなくなりました。

もし今《いま》、日本《にほん》が他《ほか》の国《くに》から食物《しょくもつ》を売《う》ってもらえなくなったら、半分以上《はんぶんいじょう》の食《た》べ物《もの》がなくなります。でも、たとえ外《そと》から食《た》べ物《もの》が来《こ》なくても、いも類《るい》などエネルギーの高《たか》い作物《さくもつ》に変《か》えることで、一人《ひとり》1日《にち》あたり2020kcalの食《しょく》料《りょう》が作《つく》れるのだそうです。

すると、1日《にち》3食《しょく》のメニューは図《ず》2（136ページ）のようになります。

また、どんな食《た》べ物《もの》がどれくらいの回数《かいすう》で食《た》べられるのかについては……なんと、卵《たまご》を食《た》べられるのは1週間《しゅうかん》に1個《こ》だけ、牛乳《ぎゅうにゅう》は6日《にち》に一度《いちど》コップ1杯《ぱい》だけ、お肉《にく》は9日《にち》に1食《しょく》になるのです。

今《いま》の食事《しょくじ》と比《くら》べてみて、どうでしょうか？

「好《す》きなものを」「好《す》きなときに」「好《す》きなだけ」食《た》べるこ

図《ず》1　主《おも》な国《くに》の食料《しょくりょう》自《じ》給《きゅう》率《りつ》（2003年《ねん》カロリーベース）

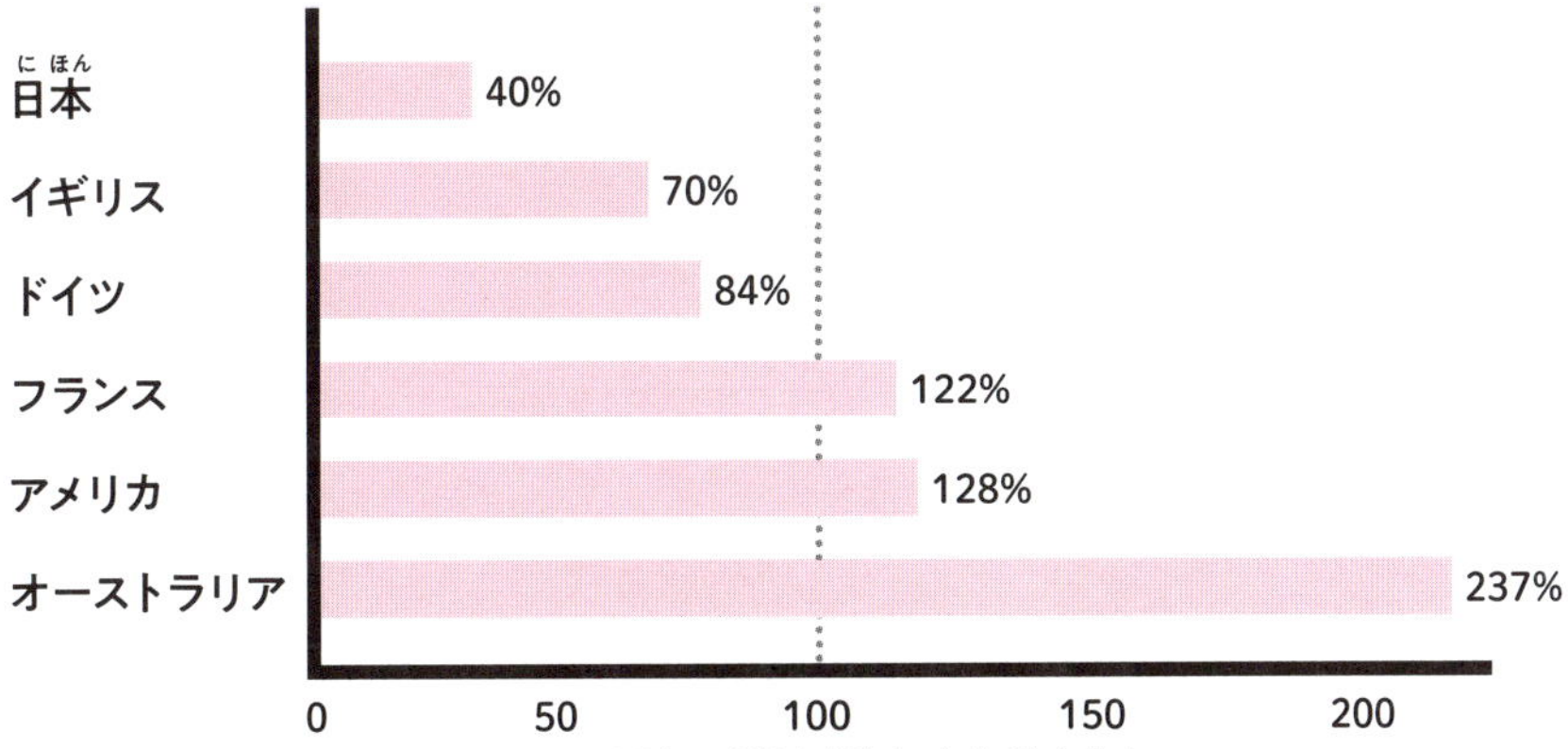

資料《しりょう》：農林水産省《のうりんすいさんしょう》「食料需給表《しょくりょうじゅきゅうひょう》」FAO「FAOSTAT」

とは、できなくなるのがよくわかりますね。食物《しょくもつ》を他《ほか》の国《くに》に頼《たよ》っているということは、食《た》べたいものが突然《とつぜん》食《た》べられなくなるかもしれないということ。

好《す》き嫌《きら》いがあるのは仕方《しかた》がありません。

でも、戦争《せんそう》、自然災害《しぜんさいがい》、気候変動《きこうへんどう》はすでに起《お》こっていますから、「好《す》き嫌《きら》い」を言《い》っていたら、食《た》べるものが何《なに》もなくなってしまうかも……。そんなわけで、いろんなものを食《た》べられるのがおすすめです。

明日《あした》もあさってもずっと元気《げんき》でいるために、いろんなものがおいしく楽《たの》しく食《た》べられるといいですよね。

図《ず》2 もし国内生産《こくないせいさん》だけで2020kcal供給《きょうきゅう》すると

出典《しゅってん》：農林水産省《のうりんすいさんしょう》『いちばん身近《みぢか》な「食《た》べ物《もの》」の話《はなし》』

ごはんがおいしくなるコラム

4

世界《せかい》にあるいろいろな食《た》べ物《もの》

私《わたし》がはじめて食《た》べることに興味《きょうみ》を持《も》ったのは、大学生《だいがくせい》のときでした。それまでもいろんな美味《おい》しいものを食《た》べさせてもらっていましたが、びっくりするような食《た》べ物《もの》には出会《であ》ったことがありませんでした。

ある日《ひ》、学校《がっこう》の電子掲示板《でんしけいじばん》に「メンダーいりませんか？」というお誘《さそ》いがありました。メンダーはタイ語《ご》でタガメという昆虫《こんちゅう》のことで、タガメが入《はい》った味噌《みそ》のこともメンダーと呼《よ》びます。「昆虫《こんちゅう》を食《た》べるの!?」と驚《おどろ》いて恐《おそ》る恐《おそ》るあけると、虫《むし》はそのまま入《はい》っておらず、単純《たんじゅん》に「さわやかな香《かお》りのする味噌《みそ》」でした（野《や》菜《さい》などにつけて食《た》べます）。

その後《ご》、中国《ちゅうごく》の南部《なんぶ》の方《ほう》では納豆《なっとう》を食《た》べる人《ひと》がいるというので、日本以外《にほんいがい》の納豆《なっとう》を探《さが》しに行《い》ったり、臭《くさ》い豆腐《とうふ》を食《た》べに行《い》ったり、アジアを中心《ちゅうしん》にいろんな食《た》べ物《もの》を食《た》べました。羊《ひつじ》を解体《かいたい》したり、トウモロコシをひたすらむしったり、タンドール（縦型《たてがた》の、土《つち》などでできたオーブン）でパンを焼《や》いたり、「美味《おい》しい」に出会《であ》う旅《たび》は良《よ》い思《おも》い出《で》です。

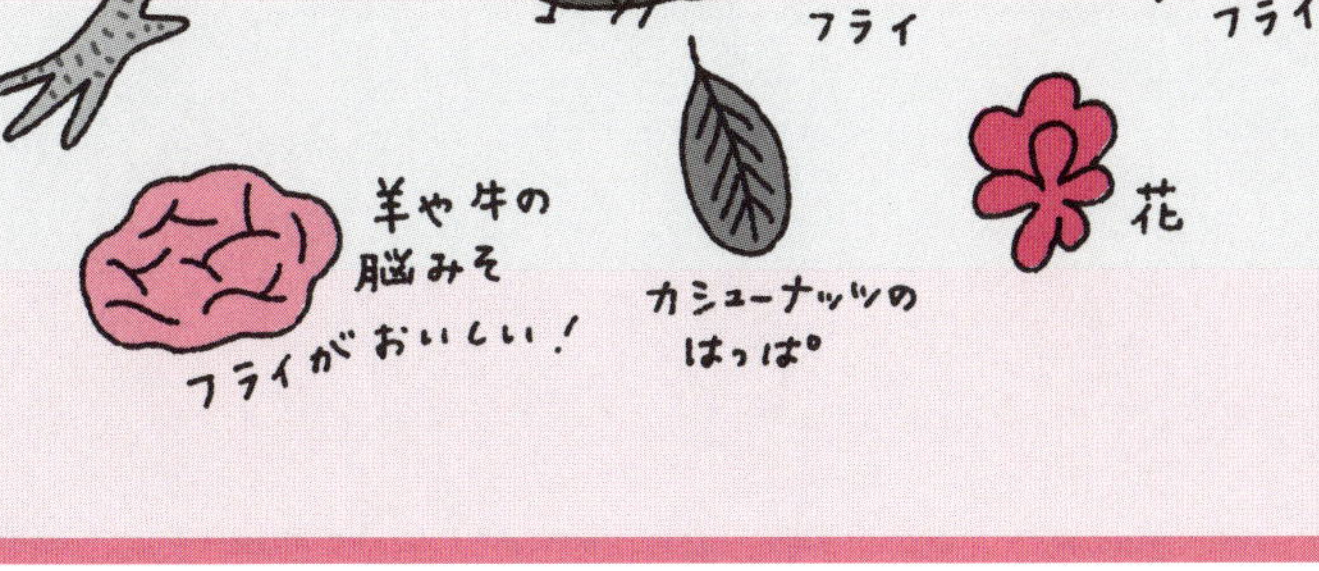

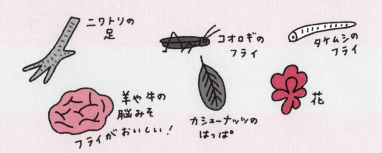

自分《じぶん》が食《た》べられる量《りょう》を知《し》っておこう

自分《じぶん》が食《た》べる分《ぶん》は、自分《じぶん》でよそう

たくさん食《た》べられる人《ひと》もいれば、そんなにたくさん食《た》べられない人《ひと》もいます。

「おいしい」「もう、おなかいっぱい」と感《かん》じる量《りょう》は、人《ひと》それぞれ違《ちが》います。

「全部《ぜんぶ》食《た》べきれた！」、そんなときは、とても気分《きぶん》がいいですよね。

食《た》べきれた達成感《たっせいかん》を味《あじ》わえたら、「また、残《のこ》さず食《た》べたい」という気持《きも》ちにもなります。

料理《りょうり》を作《つく》ってくれた人《ひと》が食《た》べ残《のこ》しを見《み》て、がっかりすることもなくなります。

自分《じぶん》の食《た》べられる量《りょう》を知《し》っているのは、大切《たいせつ》な食事《しょくじ》のマナーです。家《いえ》のごはんで自《じ》分《ぶん》の量《りょう》をわかっていれば、外《そと》で食事《しょくじ》をするときに、減《へ》らしてもらったり、箸《はし》をつける前《まえ》に誰《だれ》かにもらってもらえたりしますよね。

たとえば、自分《じぶん》のごはんは自分《じぶん》でよそう。それだけでも、自分《じぶん》が食《た》べられる量《りょう》を知《し》る練習《れんしゅう》になるよ。

食《た》べ物《もの》だけではなく、一緒《いっしょ》にいる〝時間《じかん》〟も味《あじ》わっている

生《い》きるために食《た》べるごはんですが、みんなと食《た》べるともっとおいしい気《き》がしませんか。給食《きゅうしょく》、お祝《いわ》いの席《せき》、誕生会《たんじょうかい》など、みんなで一緒《いっしょ》に食《た》べる、おいしいごはんの時間《じかん》は、よい思《おも》い出《で》になります。楽《たの》しい思《おも》い出《で》は心《こころ》の栄養《えいよう》なのですね。

保護者の方へ

「これだけは食べてほしい」と押しつけるのではなく、子ども自身に自分で食べるものを自分で選ばせるようにします。自分が食べる量を決めたら、あれこれ言わず、ただ見守りましょう。そして、自分がよそった分は食べきるようにさせます。そのほうが、その子にとっても達成感が大きくなります。また、成長とともに、好き嫌いにも変化があります。ブロッコリーが苦手だった子が、ある日をさかいに食べるようになることも。

「この子は、ブロッコリーが苦手なんだ」と決めつけないようにしましょう。「嫌い」のレッテルを貼られてしまうと「自分は嫌いなんだ」と思い込ませることになりますから。嫌いな食べ物を出したときは、「今日は、どう？」という尋ね方をするのがいいかもしれません。「やっぱり、嫌い」という反応が返ってきても、「そっか、今は嫌いなんだね。じゃ、またの機会にね」と返せばいいのではないでしょうか。

箸《はし》の持《も》ち方《かた》と食事《しょくじ》のマナー

マナーと聞《き》くと、なんだか難《むずか》しいと感《かん》じるかな。でも、簡単《かんたん》にいうと、「一緒《いっしょ》に食事《しょくじ》をする人《ひと》がいやな気持《きも》ちにならないこと」です。おうちによって、また、国《くに》や文化《ぶんか》によっても、さまざまな食事《しょくじ》のマナーがあります。

和食《わしょく》を食《た》べるときの大切《たいせつ》なお約束《やくそく》をまとめました。知《し》ってると恥《はじ》をかかないよ。

食事《しょくじ》のマナーができると、ごはんももっとおいしく、いろんな人《ひと》と楽《たの》しく食《た》べられます。まだできていないことがあったら少《すこ》しずつでいいので、できるようにしていきましょう。箸《はし》も上手《じょうず》に使《つか》えるようになっておこうね。

姿勢《しせい》・態度《たいど》

ひじはつかない

（元気《げんき》がないの？？）

足《あし》をふらふらさせない

（食《た》べにくい）

「つまらない」のメッセージになる。足《あし》がつかないときは台《だい》を使《つか》う

口《くち》の中《なか》に食《た》べ物《もの》があるときは話《はな》さない

（きたない）

食卓《しょくたく》とおなかを、ぴったりつける

（食《た》べにくい）

箸《はし》の持《も》ち方《かた》

箸先《はしさき》をそろえる

軽《かる》く持《も》つ
（えんぴつみたいにね！）

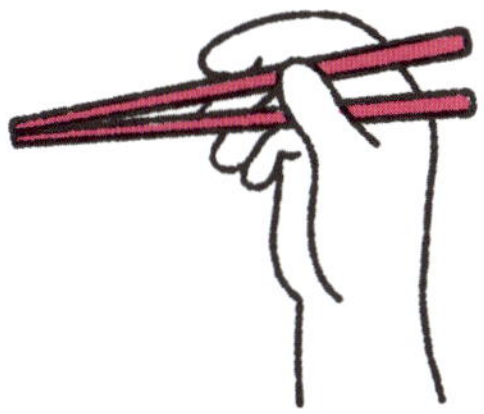

上《うえ》の箸《はし》だけを動《うご》かし、食《た》べ物《もの》をはさむ。下《した》の箸《はし》は動《うご》かさない。

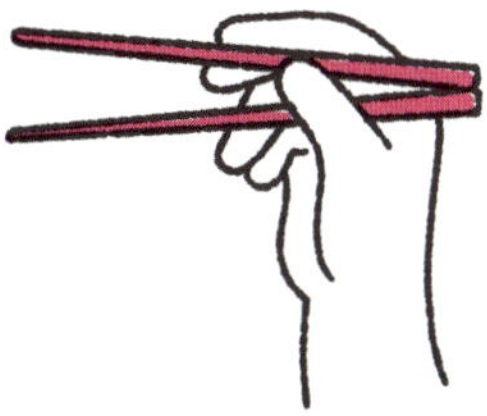

やってはいけない箸《はし》づかい

さしばし

箸《はし》でものを刺《さ》すこと（さされると危《あぶ》ない）
箸《はし》を人《ひと》に向《む》ける指《さ》しばしもしないこと

よせ箸《はし》

遠《とお》くの食《しょっ》器《き》を箸《はし》で手前《てまえ》に引《ひ》き寄《よ》せること（きたない、こぼすかも？）

迷《まよ》い箸《ばし》

どのおかずをとろうかと、料《りょう》理《り》の上《うえ》でお箸《はし》をあちこち動《うご》かすこと（気《き》持《も》ち悪《わる》い）

なぶり箸《ばし》

箸《はし》をなめること（気《き》持《も》ち悪《わる》い）

わたし箸《ばし》

箸《はし》で物《もの》をやりとりすること（お葬式《そうしき》のときにするので、普通《ふつう》の日《ひ》にはしない）

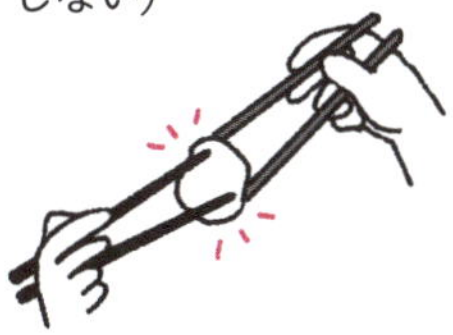

ごはんがおいしくなるコラム

5

週《しゅう》に1回《かい》は「何《なに》を食《た》べてもOKな日《ひ》〝チートデー〟」でもいいよ！

Part3で栄養《えいよう》バランスの話《はなし》をしました。1回《かい》の食事《しょくじ》で栄養《えいよう》のバランスをとるのはかなり難《むず》しいことです。健康《けんこう》であれば1日《にち》、1週間《しゅうかん》くらいの期間《きかん》の中《なか》で、栄養《えいよう》バランスを整《ととの》えていけば十分《じゅうぶん》です。

「食事《しょくじ》の9割《わり》を整《ととの》えていれば、1割《わり》は乱《みだ》れていても大丈夫《だいじょうぶ》」と言《い》っている食《しょく》の専門家《せんもんか》もいるくらいです。それくらいのゆるさがあったほうが、健康的《けんこうてき》な食生活《しょくせいかつ》も長続《ながつづ》きするのですね。

わが家《や》では、毎週日曜日《まいしゅうにちようび》を「何《なに》を食《た》べてもOKな日《ひ》」にしています。カップラーメンを食《た》べてもいいし、お菓子《かし》を食《た》べてもいいし、何《なに》をどれだけ食《た》べてもいい日《ひ》としています。その代《か》わり、月曜日《げつようび》から土曜日《どようび》までの6日間《かかん》は、3食《しょく》ちゃんと食《た》べるようにしようね、と。「チョコレート食《た》べたい」「日曜日《にちようび》にね！」とガマンさせることも。

1週間《しゅうかん》の中《なか》で、なんでもありの「ハレの日《ひ》」と、いつも通《どお》りのことをやる「ケの日《ひ》」、メリハリをつけると、「なんでも食《た》べられる日《ひ》があるから、今日《きょう》はガマンできる」となるでしょう。こうして食事《しょくじ》にリズム感《かん》を持《も》たせることも、なかなか効果的《こうかてき》です。

PART 6

食《た》べたら終《お》わり！じゃないよ！

片《かた》づけまでが、「食事《しょくじ》」です

生《い》きている限《かぎ》り、食《た》べることは続《つづ》きます。
台所《だいどころ》もいつでも料理《りょうり》ができるように
「すぐに使《つか》える状態《じょうたい》」に戻《もど》しておきます。

ごちそうさまー
あれ？食《た》べ終《お》わったら、どうするの？さあ、いっしょに片《かた》づけよ！
ごちそうさまでしたー
はぁい、ああ、めんどくさーい。
あ、油《あぶら》がついたお皿《さら》はかさねたらどうなるかな？
油《あぶら》ものを流《なが》すと、流《なが》しも汚《よご》れるし、下水道管《げすいどうかん》にもよくないんだよ。
ティッシュで油をふくといいよ
え、そこまでやる!?
そうだよ
あ
プリンおいしかった♡

ストーップ！

捨《す》てる前《まえ》に、汚《よご》れはきれいにふくか流《なが》そうね。

？

なんで!?

そのままゴミ箱《ばこ》に捨《す》てたら汚《きたな》いし、プラスチックのリサイクルするときは、食《た》べ物の汚《よご》れはきれいに洗《あら》っておく。そういうルールなんだよ。

へえ〜〜

ふうん、食事《しょくじ》って食《た》べ終《お》わったあとも、なんだか大変《たいへん》だな。食《た》べるだけならラクなのに
どっさり…

ねえ、洗《あら》いもの、僕《ぼく》も手伝《てつだ》うよー。

おっありがと〜

私《わたし》は、食器《しょっき》をふくよー。

食《た》べたらもとにもどそう

食《た》べた後《あと》の片《かた》づけは、確《たし》かにめんどくさい!

食《た》べ終《お》えたあとの片《かた》づけをやるのは、なぜだかわかりますか?

ごはんを食《た》べることは、1日《にち》3回《かい》、毎日続《まいにちつづ》くもの。夕《ゆう》ごはんの次《つぎ》に食《た》べるごはんは…

そう、朝《あさ》ごはん。朝《あさ》ごはんを作《つく》るときに、食器《しょっき》や調理器具《ちょうりきぐ》が汚《よご》れたままだったら、すぐには料理《りょうり》を始《はじ》められません。ですから、ごはんを作《つく》るときは、片《かた》づけまでが、ごはん作《づく》りです。

どうしても元気《げんき》がないときや疲《つか》れているときは、

「今日《きょう》は洗《あら》い物《もの》が少《すく》なくなるように、どんぶりのごはんにしよう」

「油《あぶら》もののおかずは控《ひか》えておこう」

「ワンプレートにすべて盛《も》りつけよう」

「使《つか》い捨《す》ての紙皿《かみざら》を使《つか》っちゃおう」

そんなふうに、その日《ひ》の献立《こんだて》を考《かんが》えていいんです。

料理《りょうり》がひととおりできるようになったら、片《かた》づけまでを想像《そうぞう》してみてくださいね。

食《た》べ終《お》わった食器《しょっき》は自分《じぶん》で片《かた》づけよう

食《た》べ終《お》えた食器《しょっき》は、自分《じぶん》で片《かた》づけましょう。手順《てじゅん》は次《つぎ》のとおりです。

❶油《あぶら》のついていないものから運《はこ》ぶ

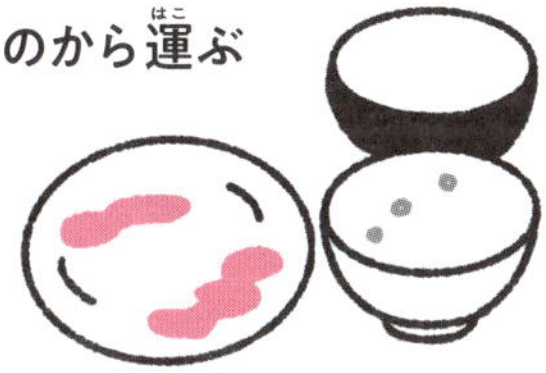

❷油《あぶら》がついているものは、
ウェス（いらない布類《ぬのるい》）や
ペーパータオルでさっと拭《ふ》き取《と》る※。
食器《しょっき》は重《かさ》ねると汚《よご》れがつくので、重《かさ》ねない

※ 油《あぶら》ものをシンクに流《なが》すと、シンクが傷《いた》みます。また、下水道《げすいどう》に流《なが》れた油分《ゆぶん》を多《おお》く含《ふく》んだ排水《はいすい》は、下水道管《げすいどうかん》の状態《じょうたい》を悪《わる》くしてしまいます。

❸食《た》べかすなどは、
ゴミ箱《ばこ》に捨《す》てる

❹無理《むり》して一度《ど》に
たくさん運《はこ》ばない

❺食器《しょっき》に水《みず》をかける
（こびりついたごはんなどが
やわらかくなる）

もしも食器《しょっき》を割《わ》ってしまったら？

まずは、近《ちか》くにいる大人《おとな》にすぐに知《し》らせましょう。
片《かた》づけるときは、けがをしないように、次《つぎ》のことに気《き》をつけてね。

**❶素足《すあし》や素手《すで》はNG。
必《かなら》ず靴下《くつした》かスリッパをはき、
軍手《ぐんて》をはめる**

**❷大《おお》きな破片《はへん》は、
集《あつ》めてから欠《か》けた部分《ぶぶん》が
全部《ぜんぶ》あるかを確《たし》かめる**

**❸できるだけその場《ば》にある
家具《かぐ》などを動《うご》かさない**

**❹こまかい破片《はへん》は、
そうじきや
ほうきで片《かた》づける**

**❹最後《さいご》に、
ぞうきんがけをする**

保護者の方へ
子どもが食器を割ったり、ごはんをこぼしたりしたら、「大丈夫だよ～」という声がけと、けがをしないようにその場を安全に片づけることを、まずは最優先します。片づけの途中で、欠けたパーツをパズルのように組み立てて、ない部分がどこにいったか確認します。
子どももわざと失敗しているわけではないので、怒りやイラ立ちはぐっとこらえて、「あーあ！」「ほら、見なさい！」「だから気をつけてって言ったじゃない！」といった言葉はできるだけ飲み込みましょう。

「いただきます」と「ごちそうさま」の秘密《ひみつ》

「今《いま》から食《た》べ始《はじ》めますよ」と知《し》らせる言葉《ことば》が、「いただきます」です。

「ごちそうさま」も同《おな》じです。「私《わたし》は食事《しょくじ》を終《お》えました」「食《た》べ終《お》えたので、（これを）片《かた》づけます」ということを伝《つた》える言葉《ことば》です。何《なに》も言《い》わずにいたら、「この人《ひと》はまだ食《た》べているのかな？」と相手《あいて》が思《おも》うかもしれません。

　出《で》かけるときには「いってきます」、帰《かえ》ってきたら「ただいま」と家《いえ》の人《ひと》に伝《つた》えますよね。「いただきます」と「ごちそうさま」も同《おな》じです。

　今《いま》、自分《じぶん》が何《なに》をしようとしているかを言葉《ことば》で伝《つた》えるのは、一緒《いっしょ》に生活《せいかつ》している人《ひと》と気持《きも》ちよく暮《く》らすためです。

　そして、ごはんの材料《ざいりょう》やいのちをくれた生《い》き物《もの》、調理《ちょうり》してくれた人《ひと》に感謝《かんしゃ》の気持《きも》ちを込《こ》めて、「いただきます」「ごちそうさま」を言《い》います。

　ちなみに、食《た》べ始《はじ》めるときのあいさつは、世界中《せかいじゅう》にあります。神様《かみさま》や仏様《ほとけさま》にお祈りして食事《しょくじ》を始《はじ》めるところもあります。いろいろ調《しら》べてみるのも、おもしろいですよ。

「自分のごはんを自分で作れる人」は世界のどこでも生きていける

台所は社会の縮図

家に帰り着いたとたん猛烈な空腹を感じて、冷蔵庫を開けてみます。そこには、卵2個、梅干し、飲みかけの牛乳、納豆1パック、かにかま。野菜室を覗いてみると、使いかけのしめじ、水菜、にんじんが半分ほど、そしてトマトが1個。ついでに冷凍庫を見てみたら、冷凍えだまめと2、3日前に食べきれなかったおにぎり1個。

「うわー、何にもない」と思って、あなたはがっくり肩を落とすでしょうか？　あるいは、「とりあえず、何か作れそう」と、腕まくりするでしょうか？

私は、兵庫県で「サカモトキッチンスタジオ」の主宰をしています。活動の一環に「キッズ・キッチン」という子ども向けの料理教室があり、五感を使ったさまざまな調理体験の場を提供しています。

調理体験を通して子どもたちに伝えたいことは、「おいしい」と感じられる絶対食感を身につけ、「生きる力」を存分に伸ばしていってほしいということ。それは、「サカモトキッチンスタジオ」の初代代表であった、母・坂本廣子の願いでもあります。

台所を「社会の縮図」と考え、子どもにきちんと料理の仕方を教える「台所育児」を実践する母を、私はずっと間近で見て育ちました。その母が口癖のように言っていたのが「自分で自分の食べるものを作れるようになると、とっても自由になれるんだよ」ということ。

そこらじゅうにコンビニやスーパー、飲食店がある日本にいると、食べ物に不自由することなんて、あり得ないと感じるかもしれません。

でも、ある日突然、遠い国で起こった戦争や災害は、じわじわと地球の反対側の国の暮らしを脅かします。燃料、資源などの高騰により、身近で手頃だったはずの食料品の値段が上がります。日本のように自給率が低く、食料の60パーセントを輸入品に頼っている国の食生活は、実はとても危ういものなのです。

そこで問われる力こそが、本書で伝えたい「台所力(=自炊力)」です。

「パンが買えない。朝ごはんがない」「材料がそろわないから、作れない」ではなく、「パン以外で何とかすればいいや」「あるものだけで、何か作ろう」という機転が利かせられるか、柔軟な発想ができるか……、これができるかできないかで、生き方の選択肢や自由度が、間違いなく変わるはずです。

自分で料理ができる人は、どこに行こうとどこで暮らそうと、自分の料理と自分の味で暮らしていけます。既製品の食事や誰かに作ってもらったものばかりでは、楽かもしれませんが、自由ではありません。特定の既製品や人に頼り続けなければいけないのですから。

生きていくためには、食べなければいけません。

食べるための手段や方法、心構えの知識は、少ないよりも多いほうが、自由度が高くなります。本書で伝える台所力の1つ、2つでもいいので、ぜひお子さんと家で実践してみてください。そして、親子で、「世界のどこでも生きていける力」を育てていってほしいと思います。

料理は、暮らしの流れの中の一部分

このシリーズは「10歳までに身につけておきたい」を目的にしています。そのため、何をいちばん伝えたらいいか、ちょっと考えました。

ふと浮かんだことは、すべてには「流れ」があり、どんなことにも「つながり」があるということです。

10歳までの子どもが自炊について本書で初めて学ぶとしたら、「着席して食べることだけが『ごはん』なのではなく、買い物、保管、調理、食べること、片づけという流れの中で、私たちはごはんを食べているんだよ」ということを、知っておいてほしいと思いました。

勉強にたとえてみます。

「算数」「社会」「国語」をどうして学ぶのか、小学3、4年生くらいでわかっている子どもなんてほとんどいないはずです。しかし、勉強が進んでいくにつれて、それぞれの科目が単独であるわけではなく、それぞれの科目の学びがすべて関連していることが、少しずつわかってきます。

学びを科目ごとに切り離すことはむずかしいのです。それぞれの科目同士のつながりや関連性を知った上で学べば、理解も深まるし、より手応えを感じられるはずです。

自炊も同じです。

「ごはんを食べること」の前後にある、大きな流れをわかっていれば、

「私は、今日は材料を買うところをやりたい」

「僕は作るよりも、後片づけのほうをやりたい」

「疲れているからお手伝いはできない。お箸をならべるね」

と、自分が関わることで、何がどう役に立つのかが、少しずつわかってきます。

何事もそうですが、すべてに全力を注ぐのは、

大人でもとてもしんどいことです。

　ですから、「今の自分なら、何ができるか」を考えるようになれればいいと思います。

食べることは生きること

　朝、昼、夜と、一日に何度も繰り返される食事は、まず、食材を選ぶところから始まります。スーパーマーケットや魚屋さんで、買い物をします。野菜や旬の魚が並んでいますから、そこから季節を感じることができます。次に、料理を考えます。栄養バランスを考えたり、家族の好みを取り入れたり、時には新しいレシピに挑戦したりします。創造性や工夫する力をきたえるよい機会です。それから、料理を作ります。包丁を使い、火を扱い、調味料を加えて味をととのえる。

　できあがった料理を食べる時間は、栄養をとるだけでなく、大切なコミュニケーションの場にもなります。家族や友達、クラスメイトと一緒に食事をすることで、会話が生まれ、絆が深まります。それから食事の後には片づけがあります。使った食器を洗い、テーブルを拭き、また次の食事の準備をします。この一連の流れが、私たちの日常なのです。

　そして食事には「いつもの食事」と「特別な食事」があります。毎日の食事も大切ですが、お祭りや行事の際の特別な食事も、私たちの生活に彩りを添えます。例えば、お正月のおせち料理、ひな祭りのちらし寿司、クリスマスのケーキなど、それぞれの料理には意味があり、文化や歴史とつながっています。

　食事は人生をいろどる大切な要素と言えるでしょう。家族や友達と一緒に食卓を囲み、会話を楽しむ。季節の味覚を堪能し、その美味しさに感動する。新しい料理に挑戦し、成功や失敗を通じて学ぶ。みんなで食文化を知り、体験し、そして受け継いでいくことで、私たちの毎日はより豊かになっていきます。

食べることは、まさに生きることそのもの。小さいころから、食べるだけではなく、作り手にもなっていきましょう。

真面目に、「放っておく」をやってみる

この本の制作にあたり、台所力（自炊力）の本を買おうとする親御さんの姿を、想像してみました。

きっと、

「子どもにごはん作りをしっかり学ばせたい」

「正しい食生活の知識を身につけてほしい」

と、真面目に子育てに向き合っている方々ばかりではないでしょうか。

せっかくこの本を読んでくださったのですから、ぜひ伝えたいことがあります。

たまに、少しでいいので、手を抜いてください！

というのも、今はあらゆるところから、いろんな情報が入ってきて、とても騒々しい世の中です。そういった有象無象の情報の洪水にさらされていると、隣の芝生が青く見えてしまうこともあるでしょう。「うちはなんてできてないんだ」、いっぽう、あの人のうちはすごいな」なんて思ってしまうこともあるでしょう。人間ですから、揺れてしまうのは仕方のないことです。

でも、料理教室でたくさんの親子を見ていて感じるのは、「食事がちゃんとできてない家のほうが圧倒的に多い」ということ！

そして、「子育てに関わっている大人たちはみんな忙しいから、ちゃんとできないのは当たり前！」ということです。

子どもがけがをしないように、つかず離れず見守ることは必要です。

同時に、子どもに学ばせるのなら、道具と環境と安全だけは用意してあげて、あとは、放置してみましょう。本人のやる気に任せて、放っておくのです。

本人がどこかでスイッチを入れて、本気で取り組もうとしない限り、周りが何を言ってもダメなものです。料理も勉強も、すべてそうだと思います。月1回の炊事体験でも、半年続けたら、子どもは驚くほど変わります。成長します。

母・坂本廣子は、子どもに何かを強制することがありませんでした。ただ、子どもが何かを「やりたい！」「食べたい！」と言ったときには、その環境を整えてくれていました。

「何してるの？」と興味を持って近づいたときに「あっちに行ってて」とは言わず、黙って背中を見せてくれていました。そういう、大きくて、おおらかな、母でした。

……ただし、「嫌い！」と言ったら最後、その食材を使ったあらゆる料理を、手を替え品を替え約1か月間食卓に出し続ける……という恐怖な一面もありました。これは母から子どもたちへの「挑戦状」だったのでしょう。

「嫌い」は禁句だったのですね。「苦手」はいいけれど「嫌い」はいけない。これは、母なりの食へのこだわりであり、食への向き合い方として、母が子どもに言葉ではなく背中で示したかったことなのだと思います。

お子さんの可能性を信じて、できる環境を用意して、忍の心を持って見守ってほしいと思います。

おわりに

～ごはんだけは自分《じぶん》で作《つく》る～

私《わたし》の母《はは》が育《そだ》った家《いえ》は、とても高級《こうきゅう》な羊羹屋《ようかんや》さんを営《いとな》んでいました。そのため、丁稚《でっち》さんや女中《じょちゅう》さん、お手伝《てつだ》いさんなど、商売《しょうばい》に関《かか》わるたくさんの人《ひと》が出入《でい》りし、まるで家族《かぞく》のように母《はは》たち一家《いっか》と一緒《いっしょ》に暮《く》らしていました。

そんな暮《く》らしの中《なか》で、母《はは》が祖父母《そふぼ》の代《だい》からずっと「これだけは守《まも》りなさい」と言《い》われてきたのが、次《つぎ》の言葉《ことば》です。

「食事《しょくじ》だけは、その家《いえ》の者《もの》が必《かなら》ず作《つく》らなければいけない」

洗濯《せんたく》、そうじ、買《か》い物《もの》、片《かた》づけなどはお手伝《てつだ》いさんや女中《じょちゅう》さんがしてもいいけれど、家《いえ》のごはんや味《あじ》つけは、その家《いえ》の人《ひと》たちが作《つく》り上《あ》げるもの。だから決《けっ》して他人任《たにんまか》せにしてはいけない、という教《おし》えだったのです。

「我《わ》が家《や》の食事《しょくじ》だけは我《わ》が家《や》の者《もの》が作《つく》る」

その精神《せいしん》は、祖父母《そふぼ》から母《はは》へ、そして、私《わたし》へと引《ひ》き継《つ》がれています。

私《わたし》のご先祖様《せんぞさま》たちは、きっと、毎日《まいにち》食《た》べるものが生《い》きるための大事《だいじ》な部分《ぶぶん》になることを知《し》っていたのでしょうね。

自分《じぶん》の食事《しょくじ》を自分《じぶん》で作《つく》る。

自分《じぶん》が選《えら》んだもので、毎日《まいにち》のごはんはできていく。

それが少《すこ》しずつ自分《じぶん》だけの「味《あじ》」になり、「個性《こせい》」になっていく。

そして、「生《い》きる力《ちから》」になっていく。

この本《ほん》を最後《さいご》まで読《よ》んでくれてありがとうございました。

焦《あせ》らず、少《すこ》しずつ、できることから、この本《ほん》に書《か》かれていることをヒントに、ぜひ親《おや》子《こ》で一緒《いっしょ》に、我《わ》が家《や》の味《あじ》を、探求《たんきゅう》してみてください。

2024年《ねん》　食欲《しょくよく》の秋《あき》に

坂本佳奈《さかもとかな》

参考文献

『坂本廣子の台所育児　一歳から包丁を』（坂本廣子、農山漁村文化協会）
『和食給食　食べて学ぶ日本の文化①』（合同会社五穀豊穣）
『きみもなれる！　家事の達人（3）すいじ』（阿部絢子監修、こどもくらぶ編、少年写真新聞社）
『坂本廣子の食育自立応援シリーズ（3）おやつごはん』（坂本廣子、少年写真新聞社）
『坂本廣子のひとりでクッキング①朝ごはん　つくろう！』（坂本廣子、偕成社）
『坂本廣子のだしの本』（坂本廣子、少年写真新聞社）
『日本のごはんをつくろう』（キッズキッチン協会発行）
『おにぎりの本』（一般社団法人おにぎり協会監修、尾田衣子監修、辰巳出版）
『SDGs 時代の食べ方』（井出留美、筑摩書房）
『賞味期限のウソ』（井出留美、幻冬舎）
『いちばん大切な食べものの話』（小泉武夫・井出留美、筑摩書房）
『あるものでまかなう生活』（井出留美、日本経済新聞出版）
『TGG Kids』（Vol.9 2022.WTR）
Mauer, L. K. Genetic Determinants of Cilantro Preference. MSc thesis, Univ. Toronto https://tspace.library.utoronto.ca/bitstream/1807/31335/1/Mauer_Lilli_K_201108_MSc_Thesis.pdf (2011).

参照 HP

ミツカン水の文化センター
https://www.mizu.gr.jp/

環境省
https://www.env.go.jp/

こども環境省
https://www.env.go.jp/kids/

政府広報オンライン
https://www.gov-online.go.jp/

農林水産省
https://www.maff.go.jp/

著者紹介

坂本佳奈

食育食文化・料理研究家。サカモトキッチンスタジオ主宰。一般社団法人キッズキッチン協会副会長。大阪市立大学大学院生活科学部前期博士課程修了。食育の第一人者、故・坂本廣子氏のあとを継ぎ、現在は、科学的根拠に基づく食育の伝え方を研究、子ども向けの料理教室「キッズキッチン」の原案指導も行っている。また、農林水産省の行うタウンミーティングにも出席するなど、多角的に食文化と食育について活動中。子どもは大人が思っている以上に「わかる」と実感しているからこそ、本書では、10歳までには少し難しいと思われる内容にまで踏み込んで総合的な台所力が身につくようにまとめた。

10歳《さい》までに身《み》につけたい
子《こ》どもに一生役《いっしょうやく》に立《た》つ台所《キッチン》と料理《りょうり》のこと

2024年9月30日　第1刷

著　　者　坂《さか》本《もと》佳《か》奈《な》

発 行 者　小澤源太郎

責任編集　株式会社 プライム涌光
電話　編集部　03(3203)2850

発 行 所　株式会社 青春出版社
東京都新宿区若松町12番1号 〒162-0056
振替番号　00190-7-98602
電話　営業部　03(3207)1916

印刷　三松堂　　製本　ナショナル製本

万一、落丁、乱丁がありました節は、お取りかえします。

ISBN978-4-413-11410-3 C0037